सामाजिक विषय

विवेक कुमार पाण्डेय शंभुनाथ

Copyright © Mr Vivek Kumar Pandey Shambhunath
All Rights Reserved.

ISBN 978-1-63997-331-6

This book has been published with all efforts taken to make the material error-free after the consent of the author. However, the author and the publisher do not assume and hereby disclaim any liability to any party for any loss, damage, or disruption caused by errors or omissions, whether such errors or omissions result from negligence, accident, or any other cause.

While every effort has been made to avoid any mistake or omission, this publication is being sold on the condition and understanding that neither the author nor the publishers or printers would be liable in any manner to any person by reason of any mistake or omission in this publication or for any action taken or omitted to be taken or advice rendered or accepted on the basis of this work. For any defect in printing or binding the publishers will be liable only to replace the defective copy by another copy of this work then available.

सामाजिक अध्ययन क्या है अतः समाज के उन सभी व्यक्तियों के मध्य के संबंध उनके विचार, संस्कृति, खान-पान, रहन-सहन, विचारधारा का अध्ययन इसके अंतर्गत किया जाता है। इसके अंतर्गत भूगोल, राजनीति-शास्त्र, इतिहास, अर्थशास्त्र, गृहविज्ञान आदि का अध्ययन किया जाता है। और इसे लिखा है विवेक कुमार पाण्डेय जी ने.

क्रम-सूची

प्रस्तावना vii

1. बालश्रम 1
2. दहेज प्रथा 5
3. महंगाई 10
4. नशा मुक्ति 15
5. छुआछूत एक अभिशाप 18
6. बेरोजगारी की समस्या 23
7. आतंकवाद 28
8. भ्रष्टाचार 35
9. परीक्षाओं में बढती नकल की प्रवृत्ति 40
10. कुसंगति के दुष्परिणाम 42
11. महिला सशक्तिकरण 46

• v •

प्रस्तावना

MY NAME IS VIVEK KUMAR PANDEY . I WAS BORN IN 30 SEP 2002,I AM FROM SURAT GUJARAT INDIA.MY DREAM WAS TO BE GOOD WRITERS ,MY FAMILY SUPPORTED ME TO SUCCESSFUL AND I CAN DO IT MY SELF.How do I write? That is a question, I believe, that cannot be honestly answered by me."CELEBRATING YOUNGEST WRITER AWARD WINNER IN GUJARAT 1ST RANK" MR PANDEY JI . I may think I did a good job writing something when in reality it could be horrible. The reader is the one who decides the quality of my writing. I do not find writing to be natural to me and therefore find it to be a real challenge. My trick as a challenged writer is to do the best I can and know that I am happy with the final outcome. It may take a while to do my best and there may be quite a few problems I run into along the way.

 I am not a greedy person those who are thinking about me and my self I never tried it anyone people suffering from sadness ,I trying to get promoted people suffering from happiness and joy in your Life Time. Now in current situation in India and also world people are unemployed and have no many but our indian governor help to people to get free food from ration card , i also take part in leadership team ,i am Motivational speaker , Film script writer. There was my two dream firstly writer and secondly actor & also my own film is upcoming soon i done almost completely completed script for my film .I AM GOING TO SAY WORD OF HEART TOUCH OUT PLEASE READ IT" , firstly i thanks my father he supports me in this field they always getting inspired me by own his words and behavior ,they always said that he was a biggest person in the world in future and also they purchase fruit and chocolate for me in anytime & anyway , firstly my father buy him then call me Vivek you want a chocolate i will say yes papa but how many tell me ,papa: you tell me how much i buy him i told 1 or 2 chocolate but my father purchase whole the boxes of chocolate and they get suprised me. MY FATHER WAS BORN IN " 20 SEPTEMBER" 1971

प्रस्तावना

IN INDIA.

1) MY FATHER FAVORITE CLOTHES IS KURTA PAIJMA AND ALSO STYLES SHOE
2) FAVORITE SINGER IS KISHORE DA
3) FAVORITE STATE GUJARAT AND KOLKATA , HIS VILLAGE IN BIHAR
4) FAVORITE COLOR BLACK AND WHITE

THEY ALSO LOVE cricket like IPL and one day t-20 .they also like watching a News daily and heard the song daily ,they also interested in tik tok video but in current time tik tok is banned in india but also few videos are in you tube. In lockdown time my family and me very enjoy day daily. my father play daily ludo with his sister and son, daughter.they always loved tea and coffee anytime call me "। विवेक थोड़ा चाय बनाओना विवेक तुम्हारे हाथ का चाय अच्छा लगता है". I make it tea for my father but some reason after the April to june they are suffering from fever and cough , weakness on 6 June 2020 my father death. they not told me say bye bye his life. After death of 6 June on 10 june my mom and dad anniversary.but my father is Best in the world they can do anything for me please take care of father and respect it of your parents

1
बालश्रम

बालश्रम

भूमिका : बालश्रम बच्चों के द्वारा अपने बाल्यकाल में किया गया श्रम या काम है जिसके बदले उन्हें मजदूरी दी जाती है। बालश्रम भारत के साथ-साथ सभी देशों में गैर कानूनी है। बालश्रम एक कलंक होता है। बालश्रम एक अभिशाप है जिसने अपना जाल पूरे देश में बिछा दिया है कि प्रशासन की लाखों कोशिशों के बाद भी यह अपना प्रचंड रूप लेने में सफलता प्राप्त कर रहा है। बालश्रम हमारे समाज के लिए एक कलंक बन चुका है।

बालश्रम : किसी भी बच्चे के बाल्यकाल के दौरान पैसों या अन्य किसी भी लोभ के बदले में करवाया गया किसी भी तरह के काम को बालश्रम कहा जाता है। इस प्रकार की मजदूरी पर अधिकतर पैसों या जरूरतों के बदले काम किया जाता है। बालश्रम पूर्ण रूप से गैर कानूनी है। इस प्रकार की मजदूरी को समाज में हर वर्ग द्वारा निंदित भी किया जाता है।

लेकिन इसका ज्यादातर अभ्यास हम समाज वाले ही करते हैं। जब कोई बच्चे को उसके बाल्यकाल से वंचित कर उन्हें मजबूरी में काम करने के लिए विवश करते हैं उसे बालश्रम कहते हैं। बच्चों को उनके परिवार से दूर रखकर उन्हें गुलामों की तरह पेश किया जाता है।

अगर सामान्य शब्दों में समझा जाए तो बच्चे जो 14 वर्ष से कम आयु के होते हैं उनसे उनका बचपन, खेल-कूद, शिक्षा का अधिकार छीनकर उन्हें काम में लगाकर शारीरिक, मानसिक और सामाजिक रूप से प्रताड़ित कर कम रुपयों में काम करा कर शोषण करके उनके बचपन को श्रमिक रूप में बदल देना ही बालश्रम कहलाता है।

बालश्रम के कारण : आज के समय में बालश्रम पूरे देश में फैल चुका है। हमारे समाज के लिए बालश्रम एक अभिशाप बन चुका है। सरकार द्वारा चलाए गए नियमों के बाद भी गंदी आदत समाज से कभी छूटती ही नहीं है। भारत देश की ज्यादातर आबादी गरीबी से पीड़ित है। कुछ परिवारों के लिए भर पेट खाना खाना भी एक सपना सा लगता है।

गरीबी से पीड़ित लोग बहुत बार अपनों को खोने के गम से अवगत हो चुके हैं। गरीबी की वजह से गरीब माता-पिता अपने बच्चों को घर-घर और दुकानों में काम करने के लिए भेजते हैं। लेकिन कभी-कभी ऐसे निर्णय बच्चों की शारीरिक और मानसिक अवस्था को झंझोर कर रख देते हैं। इस निर्णय को अपने परिवार के पेट पालने के उद्देश्य से लिया जाता है।

दुकान और छोटे व्यापारी बच्चों से काम बड़ों जितना करवाते हैं लेकिन उन्हें कीमत आधी देते हैं क्योंकि वो बच्चे होते हैं। बच्चे अधिक चालाक नहीं होते हैं इसलिए उन्हें ज्यादा चोरी और ठग का अवसर नहीं मिलता है। व्यापार में उत्पादन लागत कम लगने की वजह से भी कुछ व्यापारी बच्चों की जिंदगी बर्बाद कर देते हैं।

बच्चे बिना किसी भी लोभ के मन लगाकर काम करते हैं। हमारे देश की आजादी के बाद भी बहुत से इलाके ऐसे हैं जहाँ के बच्चे आज तक शिक्षा जैसे मौलिक अधिकार से वंचित हैं। हमारे देश में हजारों गाँव हैं जहाँ पर पढाई की कोई अच्छी व्यवस्था नहीं है लेकिन अगर व्यवस्था है तो कोशों दूर है।

इस तरह का प्रशासनिक ढीलापन भी बालश्रम के लिए जिम्मेदार है। इन सब से ज्यादा पीड़ित गरीब परिवार होते हैं क्योंकि उनके बच्चों के लिए पढना एक सपना होता है। बच्चों के लिए किफायती स्कूलों की कमी की वजह से बच्चों को अनपढ़ और बेबस रहना पड़ता है। बच्चों द्वारा अनपढ़ और बेबस रहना उन्हें मानसिक रूप से कई बार छू जाता है।

बहुत बार बच्चे पढाई के बिना जीवन जीने के लिए मजबूर हो जाते हैं और कभी-कभी ये मजबूरियां उन्हें बालश्रम की खाई में धकेल देती हैं जिससे आज तक किसी का भी भला नहीं हुआ है न ही कभी होगा। बहुत से परिवारों में बालश्रम को परंपरा और रीती का नाम देकर इसको बड़ी आसानी से अंजाम दिया जाता है।

बहुत से परिवारों का मानना होता है कि उनके जीवन में कभी अच्छी जिंदगी लिखी ही नहीं है और वर्षों से चली आ रही मजदूरी की परंपरा ही उनका कमाई और जीवन व्यतीत करने का एक श्रोत होता है। बहुत से परिवारों का तो यह भी मानना होता है कि बाल्यकाल से काम करने से बच्चे आने वाले समय में ज्यादा मेहनती

और दुनियादार हो जाएंगे।

बालश्रम बच्चों के निजी विकास को जन्म देता है जो आगे जिंदगी जीने में आसान होता है। हमारे समाज को लगता है कि लडकियाँ लडकों से कमजोर होती हैं उनकी लडकों से समानता नहीं की जा सकती है। इसी वजह से उन्हें उनके अधिकारों से वंचित रखा जाता है।

बालश्रम के परिणाम : एक बच्चे को 1000-1500 रूपए देकर मजदूरी करवाने से कई प्रकार की हानि होती है। इसका परिणाम यह होता है कि बच्चा अशिक्षित रह जाता है। देश का आने वाला कल अंधकार की ओर जाने लगता है। इसके साथ ही बेरोजगारी और गरीबी और अधिक बढ़ने लगती है।

अगर देश का आने वाला कल इतना बुरा होगा तो इसमें सभी का नुकसान होगा। जिस उम्र में बच्चों को सही शिक्षा मिलनी चाहिए, खेल कूद के माध्यम से अपने मस्तिष्क का विकास करना चाहिए उस उम्र में बच्चों से काम करवाने से बच्चों का शारीरिक, मानसिक, बौद्धिक और सामाजिक विकास रुक जाता है। शिक्षा का अधिकार मूल अधिकार होता है। शिक्षा से किसी भी बच्चे को वंचित रखना अपराध माना जाता है।

बच्चों का कारखाने में काम करना सुरक्षित नहीं होता है। गरीबी में थोड़े से पैसों के लिए अपनी जान को खतरे में डालना या पूरी उम्र उस बीमारी से घिरे रहने जो लाइलाज हो। इसलिए किसी भी बच्चे के लिए बालश्रम बहुत अधिक खतरनाक होता है। अगर कोई बच्चा गरीबी या मजबूरी से परिश्रम कर रहा है तो उसका पर्याप्त वेतन नहीं दिया जाता है और हर प्रकार से उसका शोषण किया जाता है जो बहुत ही गंभीर अपराध है।

बालश्रम रोकने के उपाय : बालश्रम हमारे समाज के लिए एक अभिशाप है जो हमारे समाज को अन्याय मुक्त नहीं बनने देगा। हमें बालश्रम का अंत करने के लिए सबसे पहले अपने घरों या दफ्तरों में किसी भी बच्चे को काम पर नहीं रखना चाहिए। हमें हमेशा इस बात को ध्यान में रखना चाहिए कि बच्चे से काम करवाने के बदले उसे पैसे देकर या खाना देकर हम उन पर कोई एहसान नहीं करते हैं बल्कि हम उसके भविष्य से खेलते हैं।

बालश्रम को खत्म करने के लिए सबसे पहले हमें अपनी सोच को बदलना होगा। बालश्रम को रोकने के लिए मजबूत और कड़े कानून बनाने चाहिएँ जिससे कोई भी बाल मजदूरी करवाने से डरें। अगर आपके सामने कोई भी बालश्रम का मामला आए तो सबसे पहले नजदीकी पुलिस स्टेशन में खबर करनी चाहिए।

हमें बालश्रम को पनाह देने वाले पत्थर दिलों के विरुद्ध अपनी आवाज को बुलंद करना चाहिए। आम आदमी को भी बाल मजदूरी के विषय में जागरूक होना चाहिए और अपने समाज में इसे होने से रोकना चाहिए। गरीब माता-पिता को अपने बच्चों की शिक्षा की ओर पूरा ध्यान देना चाहिए क्योंकि आज सरकार मुफ्त शिक्षा, खाना और कुछ स्कूलों में दवाईयां जैसी चीजों की सुविधाएँ प्रदान कर रही है।

कारखानों और दुकानों के लोगों को प्रण लेना चाहिए कि वो किसी भी बच्चे से मजदूरी या श्रम नहीं करवाएंगे और काम करवाने वाले लोगों को रोकेंगे। अक्सर हम लोग बाजार जाकर अपनी जरूरत का सामान खरीद लेते हैं बिना इस बात को जाने कि इसकी बनावट के पीछे किसी बालश्रम का अभ्यास है या नहीं। ऐसा कहा जा सकता है कि इससे हमारे समाज में बदलाव लाया जा सकता है।

हम जब भी कोई सामान खरीदें तो पहले दुकानदार से उसकी तकनीक के बारे में जरुर पूंछें। हम इस प्रश्न को पूंछ कर समाज में सचेतना का एक माहौल पैदा कर सकते हैं। हमें बालश्रम की बनायीं गई किसी भी चीज का इस्तेमाल नहीं करना चाहिए।

अगर हमें किसी भी बालश्रम का पता चले उसके बारे में सबसे पहले बच्चे के परिवार वालों से बात करनी चाहिए। उनके हालातों को समझकर उनके बच्चे के भविष्य के बारे में उन्हें बताना चाहिए। बच्चों के परिवार वालों को बालश्रम के नुकसान और कानूनी जुर्म के बारे में बताना चाहिए।

उपसंहार : बालश्रम को खत्म करना केवल सरकार का ही कर्तव्य नहीं है हमारा भी कर्तव्य है कि हम इस योजना में सरकार का पूरा साथ दें। सरकार इस योजना को सफल बनाने के लिए बहुत प्रयास कर रही है। बालश्रम एक बहुत बड़ी सामाजिक समस्या है। इस समस्या को सभी के द्वारा जल्द-से-जल्द खत्म करने की जरूरत है। बच्चे बहुत कम हैं लेकिन वे भविष्य के विकासशील देश का भविष्य हैं।

2

दहेज प्रथा

दहेज प्रथा

भूमिका : मानवीय समाज में विकास और सामाजिक जीवन की शुरुआत के लिए विवाह को एक पावन और अनिवार्य बंधन के रूप में स्वीकार किया गया है। वैवाहिक जीवन में नर-नारी एक-दूसरे के पूरक बनकर जीवन को और मधुर बनाते हैं और भारतीय संस्कृति में जो पितृ ऋण होता है उसे वंश वृद्धि के रूप में बढ़ाते हैं।

एक पुरुष के जीवन में स्त्री शीतल जल की तरह होती है जो उसके जीवन को अपने प्यार और सहयोग से सुखी और शांतिपूर्ण बनाती है। लेकिन आज भारत के समाज में जो अनेक कुरीतियाँ फैली हुई हैं वो सब भारत के गौरवशाली समाज पर एक कलंक के समान हैं।

जाति, छूआछूत और दहेज जैसी प्रथाओं की वजह से ही विश्व के उन्नत समाज में रहने पर भी हमारा सिर शर्म से झुक जाता है। समय-समय से कई लोग और राजनेता इसे खत्म करने की कोशिश करते रहते हैं लेकिन इसका पूरी तरह से नाश नहीं हो पाया है। दहेज प्रथा दिन-ब-दिन और अधिक भयानक होती जा रही है।

जब हम समाचार पत्रों को पढ़ते हैं तो हमें ज्यादातर ऐसी खबरे मिलती हैं जैसे-सास ने बहु पर तेल छिडककर आग लगा दी, दहेज न मिलने की वजह से बारात लौटाई, स्टोव फट जाने की वजह से नवविवाहित स्त्री की मृत्यु हो गई। जब हम इन समाचारों को विस्तार से पढ़ते हैं तो हमारे रोंगटे खड़े हो जाते हैं। कभी-कभी हम यह सोचने के लिए बाध्य हो जाते हैं कि क्या कोई मनुष्य सच में इतना निर्मम और जालिम हो सकता है ?

दहेज प्रथा : दहेज शब्द अरबी भाषा के जहेज शब्द से निर्मित हुआ है जिसका अर्थ होता है सौगात। साधारणतया दहेज का अर्थ होता है- विवाह के समय दी जाने वाली वस्तुएँ। जब लडकी का विवाह किया जाता है तो वर पक्ष को जो धन, संपत्ति और सामान दिया जाता है उसे ही दहेज कहते हैं।

हमारे समाज के अनुसार विवाह के बाद लडकी को माता-पिता का घर छोडकर पति के घर जाना होता है। इस समय में कन्या पक्ष के लोग अपना स्नेह दर्शाने के लिए लडकों के संबंधियों को भेंट स्वरूप कुछ-न-कुछ अवश्य देते हैं।

दहेज प्रथा का आरम्भ : ऐसा लगता है जैसे कि यह प्रथा बहुत ही पुरानी है। प्राचीन काल से हमारे भारत में इस कथा का चलन होता आ रहा है। हमारे भारत में कन्यादान को एक धार्मिक कर्म माना जाता है। दहेज प्रथा का वर्णन हमारी लोक कथाओं और प्राचीन काव्यों में भी देखा जा सकता है।

प्राचीनकाल में बेटी को माता-पिता के आशीर्वाद के रूप में अपनी समर्थ शक्ति के अनुसार वस्त्र, गहने, और उसकी गृहस्थी के लिए सामान भेंट में दिया जाता था। इस दहेज का उद्देश्य वर वधु की गृहस्थी को सुचारू रूप से चलाना था। प्राचीनकाल में लडकी का मान-सम्मान ससुराल में उसके व्यवहार और संस्कारों के आधार पर तय किया जाता था न कि उसके लाए हुए दहेज पर।

सात्विक रूप : दहेज को एक सात्विक प्रथा माना जाता था। जब पुत्री अपने पिता के घर को छोडकर अपने पति के घर जाती है तो उसके पिता का घर पराया हो जाता है। उसका अपने पिता के घर पर से अधिकार खत्म हो जाता है। अतः पिता अपनी संपन्नता का कुछ भाग दहेज के रूप में विदाई के समय अपनी पुत्री को दे देता है।

दहेज में एक और सात्विक भावना भी है। दहेज का एक सात्विक रूप कन्या का अपने घर में श्री समृद्धि की सूचक बनना है। उसके खाली हाथ को पतिगृह में अपशकुन माना जाता है। इसी वजह से वह अपने साथ कपड़े, बर्तन, आभूषण और कुछ ऐसे प्रकार के पदार्थों को साथ लेकर जाती है।

विकृत रूप : दहेज प्रथा आज के युग में एक बुराई का रूप धारण कर चुकी है। आज के समय में दहेज प्रेम पूर्वक देने की नहीं बल्कि अधिकार पूर्वक लेने की वस्तु बनता जा रहा है। आधुनिक युग में कन्या को उसकी श्रेष्ठता और शील-सौंदर्य से नहीं बल्कि उसकी दहेज की मात्रा से आँका जाता है।

आज के समय में कन्या की कुरूपता और कुसंस्कार दहेज के आवरण की वजह से आच्छादित हो गये हैं आज के समय में खुले आम वर की बोली लगाई जाती है। दहेज में राशि से परिवारों का मुल्यांकन किया जाता है। पूरा समाज जिसे ग्रहण

कर लेता है वह दोष नहीं गुण बन जाता है।

इसी के परिणाम स्वरूप दहेज एक सामाजिक विशेषता बन गयी है। दहेज प्रथा जो शुरू में एक स्वेच्छा और स्नेह से देने वाली भेंट होती थी आज वह बहुत ही विकट रूप धारण कर चुकी है। आज के समय में वर पक्ष के लोग धन-राशि और अन्य कई तरह की वस्तुओं का निश्चय करके उन्हें दहेज में मांगते हैं और जब उन्हें दहेज मिलने का आश्वासन मिल जाता है तभी विवाह पक्का किया जाता है।

इसी वजह से लडकी की खुशी के लिए लडके वालों को खुश करने के लिए ही दहेज दिया जाता है। आज के समय में लोग धन का हिसाब लगाते हैं कि इतने सालों से हर महीने का कितना रुपया जमा होगा।

दहेज प्रथा के कारण : एक तरफ जहाँ पर वर पक्ष के लोगों की लोभी वृत्ति ने भी इस कुरीति को बहुत अधिक बढ़ावा दिया है। दूसरी जगह पर कुछ ऐसे लोग भी हैं जिन्होंने बहुत कालाधन कमाया जिसकी वजह से वे बढ़-चढकर दहेज देने लगे। उनकी देखा-देख निर्धन माता-पिता भी अपनी बेटी के लिए अच्छे वर ढूंढने लगे और उन्हें भी दहेज का प्रबंध करना पड़ा।

दहेज का प्रबंध करने के लिए निर्धन माता-पिता को बड़े-बड़े कर्ज लेने पड़े, अपनी संपत्ति को बेचना पड़ा और बहुत से कठिन परिश्रम करने पड़े लेकिन फिर भी वर पक्ष की मांगें बढती ही चली गयी । दहेज प्रथा का एक सबसे प्रमुख कारण यह भी है कि लडकी को कभी बराबर ही नहीं समझा गया।

वर पक्ष के लोग हमेशा यह समझते हैं कि उन्होंने कन्या पक्ष पर कोई एहसान किया है। यही नहीं वे विवाह के बाद भी लडकी को पूरे मन से अपने परिवार का सदस्य स्वीकार नहीं कर पाते हैं। इसी वजह से वे बेचारी सीधी-साधी, भावुक, नवविवाहिता को इतने कठोर दंड देते हैं।

दहेज प्रथा के दुष्परिणाम : दहेज प्रथा की वजह से ही बाल विवाह, अनमेल विवाह, विवाह विच्छेद जैसी प्रथाओं ने फिर से समाज में अपना अस्तित्व स्थापित कर लिया है। दहेज प्रथा की वजह से कितनी बड़ी-बड़ी समस्याएं आ रही हैं इसका अनुमान भी नहीं लगाया जा सकता है।

जन्म से पहले ही गर्भ में लडकी और लडकों की जाँच की वजह से लडकियों को गर्भ में ही मरवा देते हैं जिसकी वजह से लडकों और लडकियों का अनुपात असंतुलित हो गया है। लडकियों के माता-पिता दूसरों की तरह दहेज देने की वजह से कर्ज में डूब जाते हैं और अपनी परेशानियों को और अधिक बढ़ा देते हैं।

लडके वाले अधिक दहेज मांगना शुरू कर देते हैं और दहेज न मिलने पर नवविवाहिता को तंग करते हैं और उसे जलाकर मारने की भी कोशिश करते हैं।

कभी-कभी लडकी यह सब सहन नहीं कर पाती है और आत्महत्या करने के लिए विवश हो जाती है या फिर तलाक देने के लिए मजबूर हो जाती है।

दहेज न होने की वजह से योग्य कन्या को अयोग्य वर को सौंप दिया जाता है। जो कन्याएं अयोग्य होती हैं वे अपने धन के बल पर योग्य वरों को खरीद लेती हैं। माता-पिता अपने बच्चों की खुशी के लिए गैर कानूनी काम भी करने से पीछे नहीं हट पाते हैं। आज के समय में लडकों और लडकियों की खुले आम नीलामी की जाती है।

आज के माता-पिता अपने सरकारी, अधिकारी और इंजीनियर लडके को लाखों से कम में नीलाम नहीं करते हैं जिसकी वजह से अनेक सामाजिक कुरीतियाँ भी उत्पन्न हो जाती हैं। रोज समाचार पत्र और पत्रिकाओं में पढ़ा जाता है कि दहेज न मिलने की वजह से लडकी पर उसके ससुराल वालों ने अमानवीय और क्रूर अत्याचार किये जिसकी वजह से आधुनिक पीढ़ी बहुत अधिक प्रभावित होती है।

उन्हें देखने को मिलता है कि स्टोव फटना, आग लगना, गैस या सिलिंडर से जलना यह सब कुछ सिर्फ नवविवाहिताओं के साथ ही होता है। आज की नारी जागृत, समानता, वैज्ञानिक दृष्टि, प्रगति और चहुमुखी विकास के इस युग में अपनी वास्तविकता की भावना से हटकर दहेज प्रथा एक तरह से दवाब डालकर लाभ कमाने का एक सौदा और साधन बनकर रह गया है। दहेज अपनी आखिरी सीमा को पार करके एक सामाजिक कलंक बन चूका है।

दहेज प्रथा का समाधान : अगर दहेज प्रथा को खत्म करना है तो उसके लिए खुद युवकों को आगे बढना चाहिए। उन्हें अपने माता-पिता और सगे संबंधियों को बिना दहेज के शादी करने के लिए स्पष्ट रूप से समझा देना चाहिए। जो लोग नवविवाहिता को शारीरक और मानसिक कष्ट देते हैं युवकों को उनका विरोध करना चाहिए।

दहेज प्रथा को खत्म करने के लिए नारी का आर्थिक दृष्टि से स्वतंत्र होना भी बहुत जरूरी होता है। जो युवती अपने पैरों पर खड़ी होती है उस युवती से कोई भी अनाप-शनाप नहीं कह सकता है। इसके अलावा वह पूरे दिन घर में बंद नहीं रहेगी और सास और नंद के तानों से भी बच जाएगी।

बहु के नाराज होने की वजह से मासिक आय के हाथ से निकल जाने का डर भी उन्हें कुछ बोलने नहीं देगा। लडकियों को हमेशा लडकों के बराबर समझना होगा और उन्हें भी लडकों जितने ही अधिकार और शिक्षा भी देनी होगी। दहेज की लड़ाई को लड़ने में कानून भी हमारी सहायता कर सकता है।

जब से हमारा देश दहेज निषेध विधेयक बना है तब से वर पक्ष के अत्याचारों में बहुत कमी आ गयी है। दहेज प्रथा की बुराई को तभी खत्म किया जा सकता है जब युवक और युवतियां खुद जाग्रत होंगे। जो लोग दहेज देते और लेते हैं उन पर कड़ी-से-कड़ी कर्यवाई की जानी चाहिए और उन पर जुर्माना भी लगाया जाना चाहिए।

विवाह में अधिक खर्च और अधिक बारातियों को रोकने का विधान था। लेकिन जब कानून को समाज का सहयोग नहीं मिल रहा हो तो कानून भी विवश हो गया है। दहेज प्रथा को सामाजिक चेतना और नैतिक जागृति के माध्यम से खत्म किया जा सकता है। अनेक प्रकार की स्वयं सेवी संस्थाओं के द्वारा दहेज प्रथा के विरुद्ध आंदोलन चलाकर इसे कम कर सकते हैं।

युवतियां दहेज प्रथा को खत्म करने में विशेष योगदान दे सकती हैं वे अपने माता-पिता को दहेज न देने के लिए प्रेरित करें और लोभी व्यक्तियों से विवाह न करें। लोग दहेज का सख्ती से विरोध करें इसकी वजह से जो लोग दहेज की मांग करते हैं उनमें एक प्रकार से प्रेरणा उत्पन्न हो जाएगी। अगर बिना दहेज के विवाह के लिए उन्हें सरकार द्वारा प्रोत्साहन दिया जाये और उन्हें सम्मान और पुरुष्कृत करने से भी समाज में बहुत परिवर्तन किया जा सकता है।

उपसंहार : यह समस्या किसी एक पिता की नहीं बल्कि पूरे राष्ट्र की समस्या है। इसकी वजह से जीवन बगिया नष्ट हो जाती है। दहेज प्रथा हमारे समाज के लिए एक कोढ़ साबित हो रही है। दहेज को खत्म करने के लिए हमें अपनी मानसिकता को बदलना होगा। यह हमें यह याद दिलाती है कि हमें अपने आप को मनुष्य कहने का कोई अधिकार नहीं है।

जिस समाज में दुल्हनों को यातनाएं दी जाती हैं वह सभ्यों का नहीं बल्कि बिलकुल असभ्यों का समाज है। अब ही समय है कि हम सब मिलकर इस कुरीति को उखाडकर अपने आप को मनुष्य कहलाने का अधिकार वापस प्राप्त कर लें। मनुष्य को सभी कठिनाईयों का सामना करने के लिए हमेशा तत्पर रहना चाहिए।

3

महंगाई

महंगाई

महंगाई का अर्थ होता है- वस्तुओं की कीमत में वृद्धि होना। महंगाई एक ऐसा शब्द होता है जिसकी वजह से देश की अर्थव्यवस्था में उतार-चढ़ाव आते हैं। महंगाई मनुष्य की आजीविका को भी प्रभावित करता है। आज तक समाज में महंगाई और मुद्रा-स्फीति बहुत ही बड़ी समस्या है।

बढती हुई महंगाई भारत की एक बहुत ही गंभीर समस्या है। सरकार जब भी महंगाई को कम करने की बात करती है वैसे-वैसे ही महंगाई बढती जा रही है। जनता सरकार से बार-बार यह मांग करती है कि महंगाई को कम कर दिया जाये लेकिन सरकार महंगाई को और अधिक बढ़ा देती है।

हमारी आवश्यकता की वस्तुएँ बहुत महंगी आती हैं और कभी-कभी तो वस्तुएँ बाजार से ही लुप्त हो जाती हैं। लोग अपनी तनखा में वृद्धि की मांग करते हैं लेकिन देश के पास धन नहीं है। सिक्के की कीमत घटती जाती है और महंगाई बढती जाती है।

मुद्रा स्फीति और महंगाई :

बढती हुई महंगाई का मुद्रा-स्फीति के साथ बहुत ही गहरा संबंध है। सरकार हर साल घाटे का बजट बढ़ा देती है जिससे कीमतें भी बढ़ जाती हैं। इसका परिणाम ये निकलता है कि रुपए की कीमत घट जाती है। महंगाई तो एक तरह से प्रतिदिन की प्रक्रिया बन गई है। सरकार नोट छापकर मुद्रा का निर्माण करती है और उसे समाज में फैलाती है जो निरंतर चलता रहता है।

आजकल सभी लोग महंगाई के भत्ते की मांग करते हैं। सरकार ने कृषि की तो घोर उपेक्षा की लेकिन काले धन को रोकने के लिए कुछ नहीं किया गया है।

भ्रष्टाचार को रोकने का इंतजाम नहीं किया गया है जिस वजह से मुद्रा-स्फीति को नहीं रोका गया है। इसी वजह से महंगाई भारत देश में साल-दर-साल ऊपर चली जा रही है।

जब तक सरकार वर्तमान पर कायम रहती है तब मुद्रा स्फीति बढती है। मुद्रा स्फीति में वृद्धि पर सरकार के पास कोई जवाब नहीं है जब तक इन विसंगतियों को दूर नहीं किया जायेगा तब तक महंगाई को रोका नहीं जा सकता है।

भारत में महंगाई के कारण :

महंगाई के बढने के अनेक कारण होते हैं। महंगाई की समस्या हमारे ही नहीं बल्कि पूरे संसार की एक बहुत ही गंभीर समस्या है जो लगातार बढती जा रही है। आर्थिक समस्याओं की वजह से बहुत से देश महंगाई की समस्या से मुक्त नहीं हो पा रहे हैं। हमारा भारत एक विशाल देश है जनसंख्या की दृष्टि से यह दूसरे नंबर पर आता है।

हमारे देश में जिस तरह से जनसंख्या बढ़ रही है उस तरह से फसलों की पैदावार नहीं हो रही है। पिछली 2-3 सालों से फसलों की पैदावार में आशा से अधिक वृद्धि हो रही है लेकीन हर साल एक नया ऑस्ट्रेलिया भी बन रहा है। देश में अतिवृष्टि और अनावृष्टि दोनों की वजह से ही अन्न की कमी हो रही है।

इसी वजह से हमें कभी-कभी विदेशों से अनाज मंगवाना पड़ता है। हमारा देश कृषि प्रधान देश है लेकिन फिर भी देश की समूची अर्थव्यवस्था की वजह से भी कृषि अच्छी वर्षा पर निर्भर करती है। बिजली उत्पादन भी महंगाई को प्रभावित करता है। भारत सरकार ने वस्तुओं की कीमतों को घटाने के आश्वाशन दिए थे लेकिन कीमतों को घटाने की जगह पर और अधिक बढ़ा दिया।

उपज की कमी से भी महंगाई बढती जाती है। जब सूखा पड़ने, बाढ़ आने और किसी वजह से जब उपज में कमी हो जाती है तो महंगाई का बढना तो आम बात हो जाती है। यह बहुत ही दुःख की बात है कि हमारी आजादी के इतने सालों बाद भी किसानों को खेती करने के लिए सुविधाएँ प्राप्त नहीं हैं।

बड़े-बड़े भवन बनाने की जगह पर कृषि की योजनाएँ बनाना और उन्हें सफल करना जरूरी है। हम लोग जानते हैं कि सरकारी कागजों में कुएँ खुदवाने के लिए व्यय तो दिया गया था पर वे कुएँ कभी नहीं खुदवाये गये थे।

जमाखोरी की समस्या :

जमाखोरी से भी महंगाई की समस्या बढती है। कालाबाजारी की वजह से लोगों को खाने के लिए अन्न भी नहीं मिल पाता है। जब-जब मंडी में माल आता है तब अमीर लोग उसे खरीदकर अपने गोदामों में भर लेते हैं। इसी तरह से वे अनेक तरह

की वस्तुओं को इकट्ठा कर लेते हैं। जब वस्तुओं की अधिक जरूरत पडती है तो उनकी कीमत बढ़ जाती है।

इस तरह व्यापारी अपने माल को दो गुने और तीन गुने दाम पर बेचता है। जब-जब देश में सूखा पड़ता है तब व्यापारियों को बहुत लाभ होता है। सरकार ने इस अर्थव्यवस्था के खिलाफ बहुत से कानून बनाए हैं लेकिन फिर भी भ्रष्ट अधिकारी व्यापरियों का साथ देते हैं। जब अनाज मंडी में आता है तो अमीर व्यापारी अधिक मात्रा में अनाज खरीदकर अपने गोदामों में रख लेता है और बाजार में अनाज की कमी हो जाती है।

व्यापरी अपने अनाज को गोदाम से तब निकालता है जब उसे कई गुना फायदा होने वाला हो। कई बार सरकार हर साल पेट्रोल और डीजल के मूल्य बढ़ा देती है जिससे महंगाई बहुत प्रभावित होती है। भारत को निरंतर अनेक युद्धों का सामना करना पड़ा था।

कई देशों को स्वतंत्रता के लिए बहुत भारी कीमत चुकानी पड़ी है। जब वर्षा की वजह से फसल अच्छी हुई थी तो कीमतों के कम होने के निशान दिखाई दिए लेकिन फिर से वही महंगाई की समस्या उत्पन्न हो गई थी।

दोषपूर्ण वितरण प्रणाली :

हम लोग कई बार देखते हैं कि अच्छा उत्पादन होने के बाद भी वस्तुएँ नहीं मिलती हैं अगर मिलती भी हैं तो वे महंगी होती हैं। इसकी दोषी हमारी वितरण प्रणाली होती है। हमें कई बार उदाहरण भी देखने को मिले हैं कि भ्रष्ट लोगों और व्यापारियों की वजह से ही महंगाई बढती आ रही है। ऐसे लोगों के खिलाफ कड़ी कार्यवाई करने की जरूरत होती है।

व्यापारियों को कभी भी मनमानी करने का मौका नहीं मिलना चाहिए। इस तरह के वितरण के काम को सरकार को अपने हाथों में लेना चाहिए और ईमानदार लोगों को यह काम सौंपना चाहिए। उपजों में सरकार ने बढ़ोतरी करके भी देखी हैं लेकिन इससे कोई फायदा नहीं होता है वस्तु की कीमत फिर भी उतनी ही रहती है घटती नहीं है। हमारी वितरण प्रणाली में ऐसा दोष होता है जो लोगों की मुश्किलें बढ़ा देता है।

जिम्मेदार :

हमारे देश के अमीर लोग इस महंगाई के सबसे अधिक जिम्मेदार होते हैं। आपात काल के शुरू-शुरू में तो वस्तुओं की कीमते कम करने की परंपरा चली लेकिन व्यापारी फिर से अपनी मनमानी करने लगे। जो तेल-उत्पादक देश होते हैं उन्होंने भी तेल की कीमत बढ़ा दी है जिससे महंगाई और अधिक बढ़ गई

है। अफसरशाही, नेता, व्यापारी ये सभी महंगाई को बढ़ाने के लिए बहुत अधिक जिम्मेदार हैं।

महंगाई को रोकने के उपाय :

अगर कोशिश की जाये तो भारत में महंगाई को रोका भी जा सकता है। सबसे पहले सरकार को मुद्रा-स्फीति पर रोक लगानी होगी और बजट घाटों को बनाना बंद करना होगा। हमारे लिए यह बहुत दुःख की बात है कि आज तक किसानों को सिंचाई के लिए आधुनिक साधन प्राप्त नहीं हुए हैं।

सरकार को बड़े-बड़े नगरों के विकास की जगह पर गांवों के विकास पर अधिक ध्यान देना चाहिए। पूरे देश के लिए एक तरह की सिंचाई व्यवस्था का आयोजन होना चाहिए। महंगाई को रोकने के लिए समय-समय पर हड़तालें और आंदोलन चलाये गये हैं। महंगाई की वजह से गरीब लोग पहनने के लिए कपड़े नहीं खरीद पाते हैं वे अपनी जरूरतों को पूरा करने के लिए गलत रास्ते पर चल सकते हैं इसीलिए गरीबों के लिए कम दाम में वस्तुएँ उपलब्ध करनी चाहिएँ।

सरकार को कालाबाजारी, जमाखोरों को रोकने के लिए बहुत ही सख्त कानून बनाने चाहिएँ। महंगाई को खत्म करने के लिए जनता को भी सरकार का साथ देना चाहिए। जनता का कर्तव्य है कि महंगी चीजों से दूर रहे उसे महंगाई से होने वाली समस्याओं के बारे में सोचना चाहिए।

समुचित वितरण की व्यवस्था :

जरूरत की चीजों के उपभोग के समुचित वितरण के लिए बहुत से कानून बनाए गये हैं। हर जगह में खाद्यानों की पूर्ति के लिए खाद्यान आपूर्ति विभाग स्थापित किये गये हैं। जगह-जगह पर राशन की दुकानों को खोला गया है। अगर खाद्यान वितरण की व्यवस्था समुचित हो तो महंगाई को रोका जा सकता है लेकिन ऐसा होता नहीं है।

व्यापारी का एक मात्र लक्ष्य धन कमाना होता है वह इसके लिए अलग-अलग तरह के रास्ते निकालता रहता है। इस सब को देखकर ऐसा लगता है जैसे भ्रष्टाचार का साँप भी यहाँ पर अपना विष घोलता रहता है। जो लोग वितरण व्यवस्था के अधिकारी होते हैं वे अपनी जिम्मेदारी का पालन नहीं करते हैं। इसका परिणाम यह निकलता है कि दुकानदार जरुरतमंद वस्तुओं का संग्रह कर लेता है और अधिक-से-अधिक मूल्य में उसे बेचता है।

उपसंहार :

महंगाई को कम करने के लिए उपयोगी राष्ट्र नीति की जरूरत है। जैसे-जैसे जनसंख्या बढ़ रही है उस तरीके से महंगाई को रोकना बहुत ही जरूरी है नहीं तो

हमारी आजादी को दुबारा से खतरा पैदा हो जायेगा।

    हमारी अधिकांश समस्याओं का मूल कारण बढती हुई जनसंख्या है। जब तक जनसंख्या को वश में नहीं किया जा सकता महंगाई कम नहीं होगी। महंगाई की वजह से निम्न वर्ग के लोगों को जरूरत की चीजें नहीं मिल पाती हैं और उनमें उन्हें खरीदने की लालसा पैदा होती है।

4

नशा मुक्ति

नशा मुक्ति

भूमिका : संघर्ष को मानव जीवन का दूसरा नाम कहा जाता है। इसी संघर्ष से व्यक्ति कुंदन की तरह शुद्ध और पवित्र बन जाता है जिन लोगों का हृदय कमजोर होता है या जिनका निश्चय सुदृढ नहीं होता है वे संघर्ष के आगे घुटने टेक देते हैं। वे अपनी सफलता से बचने के लिए नशे को सहारा बनाते हैं।

कहने का क्या है वे लोग तो कह देते हैं कि हम गम को भुलाने के लिए पीते हैं। इसी से हमारे मन को शांति मिलती है। नशा करने से दुखों और कष्टों से मुक्ति मिलती है लेकिन क्या सचमुच नशा करने से व्यक्ति दुखों से मुक्त हो जाता है? अगर ऐसा होता तो पूरे विश्व में कोई भी दुखी और चिंताग्रस्त नहीं होता।

सद्वृत्तियाँ बनाम दुष्प्रवृत्तियाँ : मानव जीवन बहुत ही निर्मल होता है। मानव जीवन में सात्विकता, सज्जनता, उदारता और चरित्र का उत्कर्ष होता है। वह खुद का ही नहीं बल्कि अपने संपर्क में आने वाले का भी उद्धार करता है। इसके विरुद्ध तामसी वृत्तियाँ मनुष्य को पतनोन्मुखी करती हैं उनका मजाक करती हैं।

एक पतनोन्मुख व्यक्ति समाज और राष्ट्र के लिए भी बहुत ही घातक सिद्ध होता है। इसलिए समाज सुधारक और धार्मिक नेता समय-समय पर दुष्प्रवृत्तियों की निंदा करते हैं और उन से बचने के लिए भी प्रेरणा देते हैं। मदिरापान और नशा सब बुराईयों की जड़ होते हैं।

मदिरापान बुराईयों की जड़ : किसी विद्वान् ने यह बात बिलकुल सत्य कही है कि मदिरापान सब बुराईयों की जड़ होती है। मदिरा मनुष्य को असंतुलित बनाती है। शराबी व्यक्ति से किसी भी समाज की बुराई की अपेक्षा की जा सकती है। इसी कारण से हमारे शास्त्रों में मदिरापान को पाप माना जाता है।

शुरू में तो व्यक्ति शौक के तौर पर नशा करता है। उसके दोस्त उसे मुफ्त में शराब पिलाते हैं। कुछ लोग ये बहाना बनाते हैं कि वे थोड़ी-थोड़ी दवाई की तरह शराब को लेते हैं लेकिन बाद में उन्हें लत पड़ जाती है। जिन लोगों को शराब पीने की आदत पड़ जाती है उनकी शराब की आदत फिर कभी भी नहीं छूटती।

शराबी व्यक्ति शराब को पीकर विवेकशून्य हो जाता है और बेकार, असंगत और अनिर्गल प्रलाप करने लगता है। उसकी चेष्टाओं में अशलीलता का समावेश होने लगता है। वह शिक्षा, सभ्यता, संस्कार और सामाजिक मर्यादा को तोडकर अनुचित व्यवहार करने लगता है। गाली-गलोंच और मारपीट उसके लिए आम बात हो जाती है।

मदिरापान पारिवारिक बर्बादी का कारण : कहने को तो कम मात्रा में शराब दवाई का काम करती है। डॉ और वैद्य भी इसकी सलाह देते हैं लेकिन ज्यादा तो प्रत्येक वस्तु का बुरा है। ज्यादा पीने से ये शराब जहर बन जाती है। नशे की लत से हमने बड़े-बड़े घरों को उजड़ते हुए देखा है।

जिस पैसे को व्यक्ति खून-पसीना एक करके सुबह से लेकर शाम तक कमाता है जिसके इंतजार में पत्नी और बच्चे बैठे होते हैं वह नशे की हालत में लडखडाता हुआ घर पहुंचता है। पड़ोसी उसे देखकर उसका मजाक उड़ाते हैं, मोहल्ले वाले उसकी बुराई करते हैं लेकिन बेचारी पत्नी कुछ नहीं कह पाती है। वह केवल एक बात से डरती रहती है कि उसका शराबी पति उसे आकर बहुत पीटेगा। इसलिए वह बेचारी दिल पर पत्थर रखकर जीवन को गुजार देती है।

विषैली शराब के दुष्परिणाम : विषैली शराब के दुष्परिणाम को रोज अखबारों में पढ़ा जा सकता है। आर्थिक संकट होने की वजह से वह घटिया शराब पीने लगता है। शराब वाले भी ज्यादा पैसे कमाने के लिए शराब में मिलावट कर देते है। इस तरह की मिलावटी शराब हजारों की जान ले चुकी है तब भी यह प्रक्रिया समाप्त नहीं हुई है।

पुलिस और सरकार की आँखों के नीचे यह काम बहुत ही तेजी से चल रहा है। लोग शराब पी रहे हैं और मर रहे हैं। समाचार पत्र छप रहे हैं और सब कुछ हो रहा है। सिनेमा में भी बार-बार इस बात को बताया जा रहा है लेकिन सरकार इसके विरुद्ध कदम ही नहीं उठा रही है। इसका कारण यह है कि शराब बेचने वालों को राजनेताओं का संरक्षण मिला हुआ है।

नशाबंदी कानून के लाभ : पश्चिमी सभ्यता के अंधानुकरण ने शराब सेवन को बहुत ही बढ़ावा दिया है। शराब को पश्चिमी राष्ट्र के लोगों के लिए अनुकूल माना गया है क्योंकि वहाँ पर सर्दी अधिक पडती है। हमारा भारत एक कृषि प्रधान देश

है। शराब को यहाँ के वातावरण के प्रतिकूल माना जाता है।

प्राचीन काल में मदिरालयों के सामने धरने दिए जाते थे। गाँधी जी ने इसके विरुद्ध रोजगार अभियान चलाया था। नशे से होने वाली हानियों को सामने रखकर भारत सरकार ने नशाबंदी कानून बनाया था। इस कानून के अनुसार सिर्फ वो लोग शराब बेच सकते थे जिनके पास लाईसेंस होते थे। मदिरा-निषेध के लिए समय-समय पर अनेक प्रयास किये गये है।

उपसंहार : देश में नशाबंदी के बहुत से लाभ हो सकते हैं। हमारे बहुत से बड़े-बड़े नेता चारित्रिक पतन के लिए बार-बार चीखते-चिल्लते हैं। नशाबंदी कानून के लागु होने से उन्हें रोना नहीं पड़ेगा। देश खुद सुधरने लगेगा और हजारों घर उजड़ने से बच जायेंगे।

देश सामूहिक शक्ति प्राप्त कर लेगा। इससे लोग चरित्रवान और बलवान बनेंगे। तामसी वृत्ति समाप्त हो जाएगी और सात्विक वृत्ति बढने लगेगी। इससे धर्म और कर्तव्य की भावना विकसित होगी।

5

छुआछूत एक अभिशाप

छुआछूत एक अभिशाप

भूमिका : भारत में सबसे बड़ा लोकतंत्र है और कई जातियों और धर्मों में विभाजित है। छुआछूत भारत के हिंदू समाज से जुडी हुई एक बहुत ही गंभीर समस्या है। छुआछूत हमारे देश के लिए एक ऐसी बीमारी है जो दूसरी समस्याओं को पैदा करती है। छुआछूत दीमक की तरह होती है जो हमारे देश को अंदर से खोखला कर रही है।

हमारे देश में अनेक समस्याएँ हैं लेकिन छुआछूत बहुत ही भयंकर और घातक सिद्ध होने वाली समस्या है। किसी विद्वान् ने कहा था कि छुआछूत इंसान और भगवान दोनों के प्रति एक पाप है। छुआछूत एक ऐसा कलंक है जिससे हमारा सिर शर्म से झुक जाता है। डॉ भीमराव अंबेडकर ने कहा था कि मेरा कोई अपना देश ही नहीं है जिसे मैं अपना देश कहता हूँ उस देश में हमारे साथ जानवरों से भी बुरा व्यवहार किया जाता है।

छुआछूत का अर्थ : छुआछूत का अर्थ होता है- जो स्पर्श करने योग्य न हो। जब किसी व्यक्ति के समूह या समुदाय को अस्पर्शनीय माना जाता है और उसके हाथ की छुई हुई वस्तु को कोई नहीं खाता उसे छुआछूत कहते हैं। उन लोगों के साथ कोई भी मिलजुल कर नहीं रहता और न ही उनके साथ कोई खाना खाता है।

जिन लोगों से निचली जाति का काम करवाया जाता है उन्हें अछूत कहा जाता है।प्राचीनकाल में महाराजाओं के द्वारा किसी व्यक्ति के व्यवसाय को देखकर ही उसके धर्म की स्थापना की गई थी। उस समय पर हर किसी ने अपने धर्म को खुद चुना था।ब्राहमण लोगों को शिक्षा देते थे, क्षत्रिय देश और समाज की रक्षा किया करते थे।

वैश्यों का काम व्यापार और वाणिज्य की देखभाल करना और शूद्रों का काम ऊपर की तीन जातियों की सेवा करना था। लेकिन कालांतर में ये विभाजन रूढ़ हो गया था। एक वेद में भी कहा गया है कि मैं एक शिल्पी हूँ। मेरे पिता वैश्य हैं और मेरी माँ उपले थापने का काम करती हैं। प्राचीनकाल में एक ही परिवार के लोग अलग-अलग काम करते थे फिर भी वे खुशी से रहते थे। उन लोगों में उंच-नीच का कोई भेदभाव नहीं था।

भारत के अछूत लोग : हमारे भारत में हिंदू वर्ण-व्यवस्था के अनुसार चार जातियाँ हैं- ब्राह्मण, क्षत्रिय, सैनिक, शुद्र आदि। जो लोग हरिजन जाति मतलब दबी हुई जाति के होते हैं उन्हें अछूत कहते हैं। अछूत लोगों को हिंदू की वर्ण-व्यवस्था की जातियों में नहीं गिना जाता हैं। अछूत लोगों को बहिष्कृत जाति का व्यक्ति समझा जाता है।

अछूतों को हिंदू की जाति व्यवस्था में नहीं गिना जाता है। अछूत वर्ण एक अलग पांचवां वर्ण स्थापित किया गया है। प्राचीनकाल में जो लोग घटिया स्तर का काम करते थे या निचली जाति के लोग जो नौकरों का काम करते थे वे अपराधी होते थे और जिन लोगों को छूत की बीमारी होती थी वे लोग देश से बाहर ही रहते थे।

जो लोग सभ्य होते थे वो लोग उन लोगों को ही अछूत कहते थे। ऐसे लोगों से दूसरों को सुरक्षित रखने के लिए उन्हें राज्य से बाहर निकाल दिया जाता था क्योंकि यह बीमारी छूने से होती थी। उस समय पर छूत बीमारी वाले लोग दूसरे लोगों के लिए बहुत ही हानिकारक होते थे।

उस समय इस बीमारी का कोई भी इलाज नहीं था इसी वजह से छूत लोगों को दूसरे लोगों को स्वस्थ रखने के लिए उस राज्य से दूर भेज दिया जाता था ताकि यह बीमारी किसी और को न हो। छुआछूत एक तरह का दंड होता थाजो उन लोगों को दिया जाता था। जो व्यक्ति राज्य के बनाए हुए कानूनों को तोड़ता था और समाज की व्यवस्था में एक बाधा पैदा करता था।

जो लोग अछूत लोगों से संबंध रखते थे उन्हें दलित कहा जाता है। उन्हें इस नाम से इसलिए बुलाया जाता है क्योंकि जो लोग अछूत लोगों से संबंध रखते थे उन्हें भी अछूत ही माना जाता है। सफाई, चमडा,स्वच्छता, मृत शरीरों को हटाने वाले लोगों को अछूत माना जाता है।

छुआछूत को दूर करने के प्रयत्न : छुआछूत को एक बुराई के रूप में समाज ने स्वीकार किया है जिसको दूर करने के लिए प्राचीनकाल से ही कोशिशें की जा रही हैं।बहुत से महापुरुषों ने छुआछूत के खिलाफ आवाज उठाई लेकिन फिर भी यह

समस्या वैसी की वैसी बनी रही। महात्मा बुद्ध ने इसके खिलाफ सशक्त आवज उठाई थी।

रामायण को दिखाकर इस भेदभाव को समाप्त करने की भी कोशिश की गई। उन्हें श्री राम के गुहराज, शबरी और भीलों के संग मेल-मिलाप की बातें बताई गयीं। सबसे पहले तो दयानंद जी ने छुआछूत को खत्म करने की जिम्मेदारी ली थी। एक तरफ तो उन्होंने मूल हिंदुओं को हिंदू बनाया था दूसरी तरफ उन्हें अछूत कहकर गले से लगाया था।

आर्य समाज में भी अछूतोद्धार शब्द का प्रयोग किया गया था। वे खुद जाकर हरिजन बस्ती में रहे थे जिसका अर्थ होता है भगवान का प्यारा व्यक्ति। हरिजन में रहने वाले लोगों के लिए भीम राव अंबेडकर ने बहुत ही उत्थान काम किया था उसे कभी भी भुलाया नहीं जा सकता है।

युवाओं के विचारों को बदला जा रहा है और सभी चीजों में धीरे-धीरे परिवर्तन किये जा रहे हैं। आधुनिक शिक्षा और वैश्वीकरण से भी युवाओं की सोच को बदला जा रहा है इस धार्मिक और परंपरागत दृष्टिकोण से सोच को बदला नहीं गया है।

जब संविधान का निर्माण किया गया था तब यह निर्धारित किया गया था कि समाज में फैली बुराईयों का उन्मूलन करने के लिए पिछड़ी जातियों के उत्थान में संविधान में प्रावधान किये जायेंगे। इसी को ध्यान में रखते हुए संविधान में अनुच्छेद 17 बनाया गया था।

अछूतों के साथ भेदभाव : भारत के दलितों के साथ एन.सी.डी.एच.आर.के अनुसार बहुत भेदभाव किया जाता है। अछूत लोगों के साथ कोई भी भोजन नहीं कर सकता। कोई भी किसी अलग जाति के सदस्य से शादी नहीं कर सकता। गांवों में चाय की दुकानों पर अछूत लोगों के लिए अलग बर्तन होते हैं।

अछूत लोग मंदिरों में नहीं जा सकते। अछूत लोगों को सार्वजनिक रास्ते पर चलना मना होता है। अछूत बच्चों को स्कूलों में अलग बैठाया जाता है। अछूतों के लिए होटलों में बैठने के लिए और खाने के लिए अलग बर्तनों की व्यवस्था होती है। अछूतों के लिए गांवों के कार्यक्रम या त्यौहारों में बैठने और खाने के लिए अलग व्यवस्था होती है।

जब अछूत लोग अपना काम करने से मना कर देते हैं तो समाज से उनका बहिष्कार कर दिया जाता है। अछूत लोगों को उच्च जाति के लोगों के सामने छाता लगाना और चप्पल पहनना मना है। अछूत लोगों के लिए अलग शमशान बनाया गया है। उनसे कोई अन्य जाति का सदस्य दोस्ती नहीं कर सकता।

वर्तमान युग में छुआछूत के बने रहने के कारण : आज भी हमारे समाज में जाति और जन्म के बीच आज भी भेदभाव किया जाता है। आज भी हम देख सकते हैं कि गाँव और कस्बों के लोगों में छुआछूत का व्यवहार किया जाता है। आज के युग में भी अछूत लोगों को पनघटों और मंदिरों में जाने से रोका जाता है। उनके रहने के लिए जगह भी अलग दी जाती है।

आखिरकार ये कुप्रथा अब तक किस प्रकार से बनी हुई है? शहरों में जो लोग कूड़ा बीनते हैं उन लोगों को भी अछूतों की नजर से देखा जाता है। बुराई हिंदू समाज के लोगों में बहुत ही गहराई तक पहुंच गई है इसी वजह से आजादी के बाद भी आज तक ये समस्या अलग-अलग तरह से समाज में बनी हुई है।

जो लोग छुआछूत में विश्वास रखते हैं उनके खिलाफ कानूनी कार्यवाई की जाती है क्योंकि छुआछूत के खिलाफ कानून बनाए गये हैं। ऐसा करने से भी छुआछूत की समस्या खत्म नहीं हो रही है। इस प्रथा के अब तक बने रहने का सबसे बड़ा कारण हमारे देश में उचित शिक्षा का न होना है। जो लोग अछूत समझे जाते हैं वे लोग आज भी अशिक्षित और रूढ़ग्रस्त होते हैं।

उन के पास अभी तक अन्य ज्ञान का प्रकाश नहीं पहुँचा है। हम लोग प्राय देखते हैं कि जो हरिजन लोग शिक्षा को प्राप्त करते हैं वे अपनी आर्थिक स्थिति को सुधार लेते हैं और उन्हें अछूत नहीं माना जाता है। अछूतों की आर्थिक स्थिति भी एक प्रकार से छुआछूत की समस्या का एक बहुत ही मुख्य कारण है।

छुआछूत के दुष्परिणाम : सारे जगत में छुआछूत के सामाजिक, राजनितिक, धार्मिक और सांस्कृतिक दुष्परिणाम बहुत ही प्रचलित हैं। आज के युग में हमारा देश आगे तो बढ़ रहा है पर फिर भी छुआछूत की समस्या की वजह से देश के एक बहुत बड़े भाग को सुख-सुविधाओं से अभी तक परिचित नहीं कराया गया है।

जो हरिजन गाँव में रहते हैं उनके पास जीवन को जीने के लिए सुविधाएँ बहुत ही कम होती हैं। हमारे देश में गरीबी का एक कारण छुआछूत भी है। जब तक अछूत लोगों को समाज की मुख्यधारा में स्थान नहीं मिल जाता तब तक देश का समुचित विकास कभी नहीं हो सकता है।

हमारा देश कई साल पहले आजाद हो चुका है लेकिन हरिजन वर्ग आज तक राजनितिक, आर्थिक और सामाजिक रूप से आजाद नहीं हो पाया है। हम लोगों से समय यह मांग करता है कि छुआछूत को समाप्त कर दिया जाये। प्राचीनकाल में लोग यह मानते थे कि अगर अछूत लोग उन्हें छू लेते या फिर उनकी परछाई भी उन पर पड़ जाती थी तो वे अपवित्र हो जाते थे और दोबारा से पवित्र होने के लिए उन्हें गंगा जल से स्नान करना पड़ता था।

उपसंहार : आज के युग में भी छुआछूत की समस्या हमारे लोगों के बीच की दीवार बनी हुई है। आज के समय में भी कुछ लोग अपने-आप को दूसरों से श्रेष्ठ, उच्च और योग्य समझते हैं। हरिजन वर्ग के लोगों पर आज भी अत्याचार किया जाता है उनके साथ जानवरों से भी बुरा व्यवहार किया जाता है।

जब चुनाव होते हैं तो लोगों को अपने मत को स्वंय चुनने का अधिकार नहीं दिया जाता है। आज भी बंधुआ मजदूर के रूप में बहुत से लोग अमीरों के दास बने हुए हैं।हमारी सरकार अछूतों की आर्थिक स्थिति को सुधारने के लिए अनेक प्रयास कर रही है। जो लोग अछूत माने जाते हैं उन्हें भी अपनी तरफ से कुछ प्रयास करने चाहिए। जब तक वे शिक्षित नहीं हो जाते तब तक उनका सुधार होना असंभव है।

6

बेरोजगारी की समस्या

बेरोजगारी की समस्या

भूमिका : बेरोजगारी उन्नति के रास्ते में बहुत बड़ी समस्या है। बेरोजगारी का अर्थ होता है काम करने की इच्छा करने वाले को काम न मिलना। आज भारत को बहुत सी समस्याओं का सामना करना पड़ रहा है। लेकिन सभी समस्याओं में से बेरोजगारी की समस्या प्रमुख है। प्राचीनकाल में हमारा भारत पूर्ण रूप से संपन्न देश था इसी वजह से इसे सोने की चिड़िया कहा जाता था।

बहुत सालों से इस समस्या को दूर करने की कोशिशें की जा रही है। लेकिन अभी तक किसी को भी सफलता नहीं मिल पायी है। इसकी वजह से बहुत से परिवार आर्थिक दशा से खोखले हो चुके हैं। आर्थिक योजनाओं में यह सबसे बड़ी रुकावट है। हमारे देश में आर्थिक योजनाएँ तब तक सफल नहीं हो पाएंगी जब तक बेरोजगारी की समस्या खत्म नहीं हो जाती।

आज हम स्वतंत्र तो हैं लेकिन अभी तक आर्थिक दृष्टि से सक्षम नहीं हुए हैं। हम चारों तरफ से चोरी, छीना-छपटी, खून और लूटमार की बातें सुनते रहते हैं। आज के समय में सभी जगह पर हड़तालें की जा रही हैं। आजकल हर किसी को अपने परिवार के पेट को भरने की चिंता रहती है।

वो लोग अपने परिवार का पेट अच्छाई के मार्ग पर चलकर भरें या बुराई के मार्ग पर चलकर इस बात का कोई मूल्य नहीं है। बेरोजगारी सामाजिक और आर्थिक समस्या है। यह समस्या गांवों और शहरों में समान रूप से फैली हुई है।

जनसंख्या में वृद्धि : हमारे देश की बेरोजगारी में रोज वृद्धि हो रही है। हमारी सरकार इस समस्या का हल ढूँढ रही है पर लगातार बढती जनसंख्या इसका हल नहीं ढूंढने देती है। हर साल जितने व्यक्तियों को काम दिए जाते हैं उनसे कई गुना

लोग बेरोजगार हो जाते हैं। सरकार ने जनसंख्या को कम करने के कई अप्राकृतिक उपाय खोजे हैं लेकिन इसके बाद भी जनसंख्या लगातार बढती ही जा रही है।

जनसंख्या में वृद्धि होने के कारण शिक्षा के साधनों में कमी होने लगी जिससे लोग अशिक्षित रह गये। हमारे देश में अशिक्षित पुरुष और स्त्रियों की संख्या दिन-प्रतिदिन बढती ही जा रही है। बढती जनसंख्या बेरोजगारी का बहुत ही बड़ा कारण है। जनसंख्या में वृद्धि के कारण देश का संतुलन बिगड़ रहा है। जनसंख्या में वृद्धि के अनुपात की वजह से रोजगारों की कमी और अवसर में बहुत कम वृद्धि हो रही है इसी वजह से बेरोजगारी बढती जा रही है।

अधूरी शिक्षा प्रणाली : हजारों सालों से हमारी शिक्षा पद्धति में कोई परिवर्तन नहीं हुआ है। हमारी शिक्षा प्रणाली के अधुरा होने की वजह से भी बेरोजगारी में वृद्धि हो रही है। अधूरी शिक्षा प्रणाली को अंग्रेजी सरकार ने परतंत्र के समय में भारतियों को क्लर्क बनाने के लिए शुरू किया था जैसे-जैसे समय बदलता गया वैसे-वैसे परेशानियाँ भी बदलने लगीं। इस शिक्षा प्रणाली से सिर्फ ऐसे लोग तैयार होते हैं जो बाबु बनते हैं।

जवाहरलाल नेहरु जी ने कहा था कि हर साल लाखों लोग शिक्षा प्राप्त करने के बाद नौकरी के लिए तैयार होते हैं लेकिन हमारे पास नौकरियां बहुत ही कम होती हैं। ऐसे लोगों को नौकरी न मिलने की वजह से ये बेकार हो जाते है। आजकल किसी को भी एम० ए० या बी० ए० किये लोग नहीं उन्हें सिर्फ विशेषज्ञ और वैज्ञानिक चाहिएँ। इसी कारण से बहुत कम लोग शिक्षा ग्रहण करते हैं।

आधुनिक शिक्षा प्रणाली में रोजगारोन्मुख शिक्षा की व्यवस्था नहीं होती है जिससे बेरोजगारी और अधिक बढती है। इसी वजह से जो व्यक्ति आधुनिक शिक्षा ग्रहण करते हैं उनके पास नौकरियां ढूंढने के अलावा और कोई उपाय नहीं होता है। शिक्षा पद्धिति में परिवर्तन करने से विद्यार्थी शिक्षा का समुचित प्रयोग कर पाएंगे।

विद्यार्थियों को तकनीकी और कार्यों के बारे में शिक्षा देनी चाहिए ताकि वे अपनी शिक्षा के बल पर नौकरी प्राप्त कर सकें। सभी सरकारी और गैर सरकारी विद्यालयों में व्यवसाय के ऊपर शिक्षा को बढ़ावा दिया जा रहा है। आज के युग में शिक्षित और कुशल लोगों की जरूरत होती है जिन लोगों के पास शिक्षा नहीं होती है उन लोगों को रोजगार प्राप्त नहीं होता है।

हमारी शिक्षा प्रणाली में साक्षरता को अधिक महत्व दिया जाता है। तकनीकी शिक्षा में केवल सैद्धांतिक पहलुओं पर ध्यान दिया जाता है इसमें व्यावहारिक शिक्षा पर ध्यान नहीं दिया जाता है इसी वजह से लोग मशीनों पर काम करने

से कतराते है। साधारण शिक्षा से हम सिर्फ नौकरी करने के योग्य बनते हैं इसमें मेहनत का कोई काम नहीं होता है।

उद्योग धंधों की अवनति : उद्योग धंधो की अवनति के कारण भी बेरोजगारी बढती जा रही है। प्राचीनकाल में बेरोजगारी की समस्या ही नहीं थी उस समय हर व्यक्ति के पास काम था। कुछ लोग चरखा चलाते थे, कुछ गुड बनाते थे और कुछ लोग खिलौने बनाते थे। जब अंग्रेजी हुकुमत आई थी तो उन लोगों ने अपनी स्वार्थ पूर्ति के लिए इस सब कामों को नष्ट कर दिया था।

अंग्रेजों ने लोगों में से आत्मनिर्भरता को समाप्त कर दिया था। रोजगारों के दस्तावेजों के हिसाब से हर साल लाखों लोग बेरोजगार होते थे लेकिन अब इनकी संख्या करोंड़ों से भी ऊपर हो गई है। हमें बेरोजगार लोगों की पूरी संख्या का निश्चित पता नहीं होता क्योंकि बहुत से लोग रोजगार कार्यालय में अपना नाम ही दर्ज नहीं करवाते हैं।

पढ़े लिखे लोग भूखा मरना तो पसंद करते हैं पर मजदूरी करना पसंद नहीं करते हैं। वे लोगों के सामने छोटे काम को करने में संकोच करते हैं। वे यह सोचते हैं कि लोग कहेंगे कि पढ़ा-लिखा होकर भी मजदूरी कर रहा है। यही बात लोगों को कुछ नहीं करने देते हैं। लेकिन शिक्षा उन्हें यह तो नहीं कहती है कि तुम मजदूरी मत करो।

सरकारी नीतियाँ : बेरोजगारी की समस्या शहर और गाँव दोनों में उत्पन्न हो रही है। जिससे धन की व्यवस्था ठीक नहीं रह पाई जिसकी वजह से बड़े-बड़े कारीगर भी बेकार होते हैं। गांवों में किसान खेती के लिए वर्षा पर आश्रित रहता है। उसे अपने खाली समय में कुटीर उद्योग चलाने चाहिएँ। इस वजह से उसकी और देश की हालत ठीक हो जाती है।

आजकल गाँव के लोग शहरों में आकर बसने लगे हैं जिसकी वजह से बेरोजगारी बढती जा रही है। गांवों में लोग कृषि करना पसंद नहीं करते जिसकी वजह से गांवों की आधी जनसंख्या बेरोजगार रह जाती है। पुराने समय में वर्ण व्यवस्था में पैतृक व्यवसाय को अपना लिया गया था जिस वजह से बेरोजगारी कभी पैदा ही नहीं होती थी।

जब वर्ण-व्यवस्था के भंग हो जाने से पैतृक व्यवसाय को नफरत की नजर से देखा जाता है तो बेटा पिता के व्यवसाय को स्वीकार करने के लिए तैयार नहीं होता है। आज के युवाओं को ऐसी शिक्षा देनी चाहिए जो उन्हें रोजगार दिलाने में सहायता करे। औद्योगिक शिक्षा की तरफ ज्यादा ध्यान देना चाहिए ताकि शिक्षित लोगों की बेरोजगारी को कम किया जा सके।

शिक्षा से लोग स्वालम्बी होते हैं। उन लोगों में हस्तकला की भावना पैदा नहीं होती है। आधे से भी ज्यादा लोग रोजगार की तलाश में भटकते रहते हैं और बेरोजगारों की लाइन और लंबी होती चली जाती है। हमारे देश में बहुत अधिक जनसंख्या है जिस वजह से उद्योग धंधों में उन्नति की बहुत अधिक आवश्यकता है।

उद्योग धंधों को सार्वजनिक क्षेत्रों में ही स्थापित किया गया है , जब तक घरेलू दस्तकारों को प्रोस्ताहन नहीं दिया जाएगा तब तक बेरोजगारी की समस्या ठीक नहीं हो सकती है। सरकार कारखानों की संख्या में वृद्धि कर रही है। उद्योग धंधों की स्थापना की जा रही है। उत्पादन क्षेत्रों को विकसित किया जा रहा है।

सामाजिक और धार्मिक मनोवृत्ति और सरकारी विभागों में छंटनी : सामाजिक और धार्मिक मनोवृत्ति से भी बेरोजगारी की समस्या बढती जा रही है। आज के समय में ऋषियों और साधुओं को भिक्षा देना पुण्य की बात मानी जाती है। जब स्वस्थ लोग दानियों की उदारता को देख कर भिक्षावृत्ति पर उतर आते हैं। इस प्रकार से भी बेरोजगारी की परेशानी बढती जा रही है।

हमारे यहाँ के सामाजिक नियमों के अनुसार वर्ण-व्यवस्था के अनुसार विशेष-विशेष वर्गों के लिए बहुत विशेष-विशेष कार्य होते हैं। सरकारी विभागों में वर्ण-व्यवस्था के अनुसार काम दिए जाते हैं। अगर उन्हें काम मिलता है तो करते हैं वरना हाथ पर हाथ धरे बैठे रहते हैं। इस तरीके की सामाजिक व्यवस्था से भी बेरोजगारी बढती है।

बेकारी की वजह से युवाओं में असंतोष ने समाज में अव्यवस्था और अराजकता फैला रखी हैं। हमें सरकारी नौकरियों के मोह को छोडकर उस काम को करना चाहिए जिसमें श्रम की जरूरत होती है। लाखों लोग अपने पैतृक व्यवसाय को छोडकर रोजगार की खोज में इधर-उधर घूमते रहते हैं।

जनसंख्या वृद्धि पर रोक और शिक्षा : जनसंख्या वृद्धि को रोककर बेरोजगारी को नियंत्रित किया जा सकता है। जनसंख्या वृद्धि को रोकने के लिए विवाह की आयु का नियम कठोरता से लागु किया जाना चाहिए। साथ ही शिक्षा-पद्धिति में भी सुधार करना चाहिए। शिक्षा को व्यावहारिक बनाना चाहिए। विद्यार्थियों में प्रारंभ से ही स्वालंबन की भावना को पैदा करना होगा।

देश के विकास और कल्याण के लिए पंचवर्षीय योजना को चलाया गया जिससे किसी भी राष्ट्र की पहली शर्त सब लोगों को रोजगार देना होता है। लेकिन पहली पंचवर्षीय योजना से बेरोजगारी की समस्या और अधिक बढ़ गई थी। बेरोजगारी की समस्या को सुलझाने के लिए मन की भावना को बदलना बहुत जरूरी है।

मन की भावना को बदलने से किसी काम को छोटा या बड़ा नहीं समझा चाहिए। डिग्री लेना ही ज्यादा जरूरी नहीं होता है जरूरी होता है अपनी कुशलता और योग्यता को प्राप्त करना।

उपसंहार : बरोजगारी देश की एक बहुत बड़ी समस्या है। सरकार के द्वारा बेरोजगारी को खत्म करने के लिए बहुत से कदम उठाये जा रहे हैं। बेरोजगारी उस संक्रामक बीमारी की तरह होती है जो अनेक बिमारियों को जन्म देती है। लोगों का कहना है कि अभी सरकार को बेरोजगारी से छुटकारा नहीं मिल पाया है पर वो इतने साधन जुटा रही है जिससे भविष्य में बेरोजगारी की समस्या को खत्म किया जा सके।

बेरोजगारी व्यक्ति की सच्चाई, ईमानदारी और दया का गला घोट देती है। बेरोजगारी लोगों को अनेक प्रकार के अत्याचार करने के लिए मजबूर करती है। सरकार बेरोजगारी को दूर करने के लिए बहुत से कदम उठा रही है। भविष्य में एक समय ऐसा होगा जिसमें हर एक व्यक्ति के पास काम होगा। सरकार नव युवकों को उद्यम लगाने के लिए ऋण दे रही है और उन्हें उचित प्रशिक्षण देने में भी साथ दे रही है।

7

आतंकवाद

आतंकवाद

भूमिका : विविधता में एकता भारत की प्रमुख विशेषता है। उक्त विविध जनों को हमारे संविधान ने अपने आप में समान रूप से समाहित किया है। लेकिन विवध संस्कृतियों के इस अद्‌भुत सामंजस्य को देखकर बहुत से देश निस्तबद्‌ध रह जाते हैं। वे इस देश के एकीकरण को तोडकर देश को बिखेरना चाहते हैं।

वे हमारे देश को मिलकर रहता हुआ नहीं देख सकते हैं। वे अपने दलालों को भेजकर हमें तोडना चाहते हैं। हमारे समाज में विविध प्रकार से विघटन करके जनसाधारण को अपने कुकृत्यों से आतंकित कर देते हैं जिसकी वजह से समाज में आतंकवाद छा जाता है। आतंकवाद आधुनिक युग की सबसे भयंकर समस्या है।

आतंकवाद की समस्या सिर्फ हमारे ही देश की नहीं सभी देशों की एक बड़ी समस्या बन चुकी है। आतंकवादी अपने-अपने गिरोह बनाकर रखते हैं वे किसी भी देश की कानूनी व्यवस्था को स्वीकार नही करते हैं। अपनी इच्छा से लोगों की हत्या करते हैं। आज के समय में जब हम विभिन्न समस्याओं के बारे में सोचते हैं तो हमें यह पता चलता है कि हमारा देश अनेक प्रकार की समस्याओं से घिरा हुआ है।

एक तरफ भुखमरी, दूसरी तरफ बेरोजगारी, कहीं पर अकाल पड़ रहा है तो कहीं पर बाढ़ अपना प्रकोप दिखा रही है। इन समस्याओं में सबसे बड़ी समस्या है आतंकवाद की समस्या, जो देश रूपी वृक्ष को धीरे-धीरे खोखला करती जा रही है। भारत देश की कुछ अलगाववादी शक्तियाँ और पथ-भ्रष्ट नवयुवक हिंसात्मक रूप से देश के बहुत से क्षेत्रों में दंगा-फसाद कराकर अपनी स्वार्थ सिद्‌धि में लगे हुए हैं।

आतंकवाद का अर्थ : आतंकवाद दो शब्दों से मिलकर बना होता है – आतंक+वाद। आतंक का अर्थ होता है – भय या डर और वाद का अर्थ होता है – पद्धति। आतंकवाद शब्द आतंक से बनता है। समाज को अपने कुकृत्यों से भयभीत कर देना आतंकवाद कहलाता है। जो उन्हें भयभीत करते हैं वो आतंकवादी कहलाते हैं।

आतंकवादियों का केवल एक ही उद्देश्य होता है सरकार और देश के लोगों में भय उत्पन्न करके अपनी अनुचित बातों को मनवाना। आतंकवादियों का कोई देश, धर्म तथा जाति नहीं होते हैं। आतंकवादी भोले-भले बच्चों, स्त्रियों, बूढ़ों और जवानों की बहुत ही बेरहमी से हत्या कर देते हैं। कानूनी व्यवस्था को ताक पर रखकर आतंकवादी देश में आराजकता फैलाते हैं।

इनके कार्यों का विरोध करने वाले व्यक्तियों या उनके विरुद्ध कार्यवाई करने वाले अधिकारियों को हताहत करके भगा देते हैं जिससे आगे आने वाले उनका विरोध न कर सकें। वे ऐसा करने के बाद किसी समुचित स्थान पर छिप जाते हैं। भारतवर्ष में इस तरह का आतंकवाद कई जगहों पर छाया हुआ है।

आतंकवाद दो प्रकार के होते हैं – राजनीतिक आतंकवाद और अपराधिक आतंकवाद। राजनीतिक आतंकवाद वह होता है जो अपने स्वार्थ की पूर्ति के लिए जनता में डर फैलाता है और अपराधिक आतंकवाद वह होता है जो अपहरण करके पैसे की मांग करता है।

भारत में आतंकवाद की समस्या : भारत में आतंकवाद का मतलब है भारत में आतंक की स्थिति का उत्पन्न होना। भारत में आतंकवाद के लिए देश के कई क्षेत्रों में हिंसात्मक तरीके अपनाये जाते हैं जिससे सरकार देश के विकास के लिए कोई कार्य नहीं कर पाती है। जब भारत निरंतर विकास करने लगता है तो कुछ विदेशी शक्तियाँ भारत के विकास से जलने लगती हैं।

वे भारत के लालची लोगों को पैसा देकर उनसे दंगे-फसाद करवाती हैं जिसकी वजह से देश विकास न कर सके। अधिकतर आतंकवादी रेल पटरियों को उखाडकर, बस के यात्रयों को मारकर, बैंकों को लूटकर, सार्वजनिक स्थानों पर बम्ब फेंककर आदि इन कामों से आतंकवाद फैलाने में सफल हो जाते हैं।

छठे और सातवें दशक में बंगाल, उड़ीसा, आंद्रप्रदेश, बिहार में नक्सलवादी लोग जनता में आतंक फैलाने का काम करते थे, अब नक्सलवादियों का आतंक अन्य प्रांतों से हटकर आंध्र और मध्यप्रदेश में पहुंच गया है। इस समय में पंजाब और कश्मीर दो ऐसे स्थान है जहाँ पर अब आतंकवाद ज्यादा है।

जनता को आतंकवादियों से मुक्ति दिलाने के लिए हमारी सरकार प्रयत्नशील है। कुछ बड़ी शक्तियाँ और पड़ोसी देश हमारे देश में अव्यवस्था को फैलाना चाहते हैं। अगर हमारा देश दो भागों में विभक्त हो जाता है तो उन्हें बहुत प्रसन्नता होगी।

आतंकवादियों की गतिविधियाँ : सशक्त सैन्य शक्ति से सुदृढ सरकार का मुकाबला प्रत्यक्ष सामने आकर करना बिलकुल असंभव है। इसीलिए आतंकवादी किसी भी सरकार व जनता का सामना छिपकर, आतंक दिखाकर, आतंक फैलाकर करते हैं। हमारे यहाँ आतंकवादी किसी सार्वजनिक जगह पर अचानक पहुंचकर अँधा-धुंध गोली-बारी कर देते है।

पटरी पर सोये हुए मजदूर भी आतंकवादियों की गोली के शिकार होते हैं। प्रमुख राजनेताओं, अधिकारीयों, सामाजिक कार्यकर्ताओं को वे अवसर पाकर गोली मारकर मौत के घाट उतार देते हैं। उनके विरोध करने वालों को वे कोई-न-कोई अवसर पाकर या कोई षड्यंत्र रचकर मृत्यु को प्राप्त करा देते हैं।

कई बार आतंकवादी चलती बस को रोककर उसमें बैठे हुए यात्रियों को चुन-चुनकर मार देते हैं जिसकी वजह से लोग बसों में यात्रा करने से घबराते हैं। विभिन्न सार्वजनिक स्थलों पर टाइम बम्ब आदि रखकर आतंक का वातावरण फैलाए रखते हैं।

आतंकवाद के मूल कारण : भारत में आतंकवाद के विकसित होने के अनेक कारण हैं। आतंकवाद की समस्या पिछले एक दशक से शुरू हुई है। आज से दस साल पहले छोटे-छोटे लूटपाट के मामले सामने आते थे लेकिन आज के समय में यह समस्या बहुत बढ़ गयी है आज यह छोटी लूटपाट से मारकाट पर उतर आये हैं।

आतंकवाद के उत्पन्न होने के मूल कारण हैं गरीबी, बेरोजगारी, भुखमरी, और धार्मिक उन्माद। आतंकवाद की गतिविधियों को सबसे अधिक प्रोत्साहन धार्मिक कट्टरता से मिलता है। लोग धर्मों के नाम पर एक-दूसरे का गला काटने से भी पीछे नहीं हटते हैं। धर्म के विपक्षी लोग धर्म मानने वाले लोगो को सहन नहीं कर पाते हैं।

इसी के फल स्वरूप हिन्दू-मुस्लिम, हिन्दू-सिक्ख, मुस्लिम, ईसाई आदि धर्मों के नाम पर बहुत से दंगे-फसाद भड़का दिए जाते हैं। बहुत से अलगाववादी धर्म के नाम पर अलग राष्ट्र की भी मांग करने लगते हैं। इसकी वजह से देश की एकता भी खतरे में पड़ जाती है। कुछ विदेशी ताकतें भारत को कमजोर बनाना चाहती हैं इसलिए वे भारत में अक्सर आतंकवाद को बढ़ावा देती रहती हैं।

आतंकवादियों को बाहर से हथियार भेजे जाते हैं। उनका प्रयोग करके आतंकवादी देश में आतंक का वातावरण पैदा करते हैं। लेकिन अगर अपनी नीति स्पष्ट हो, सुदृढ हो, राष्ट्रिय भावना बलवती हो तो बाहर की कोई शक्ति भारत में हस्तक्षेप करने की हिम्मत नहीं कर सकती है इसलिए हमारे देश के नेताओं की ढुलमुल नीति ही हमें आतंकवाद का शिकार बना रही है।

आजकल हिंदू आतंकवाद भारत में एक नए सिरे से सिर उठा रहा है जिसे कुछ सिरफिरे नेता लोग हवा देकर भारत की एकता और अखण्डता को खतरा पैदा कर रहे है। कश्मीरी आतंकवादियों ने नेहरु जी की कमजोर एवं गलत नीति के कारण सहारा पाया, तो सिक्ख आंतकवादियों का जन्म भी इंदिरा जी की कुटिल नीति से हुआ। जो देशभक्त व निष्ठावान थे उन्हें आतंकवाद का शिकार होना पड़ता था। कुछ नेता और अधिकारी अंदर से आतंकवादियों से मिले रहते हैं और दिखावे के लिए उनका विरोध करते हैं।

आतंकवाद पर नियंत्रण : भारत सरकार को आतंकवादी गतिविधियों को खत्म करने के लिए कठोर कदमों को उठाना चाहिए। ऐसा करने के लिए सबसे पहले कानून व्यवस्था को सुदृढ बनाना चाहिए। जहाँ-जहाँ पर अंतर्राष्ट्रीय सीमा हमारे देश की सीमा को छू रही है, उन समस्त क्षेत्रों की नाकाबंदी की जानी चाहिए जिसकी वजह से आतंकवादी सीमा पार से हथियार, गोला-बारूद और प्रशिक्षण प्राप्त करने में असफल हो जाएँ।

जो युवक और युवतियां अपने रास्ते से भटक चुके हैं उन्हें समुचित प्रशिक्षण देकर उनके लिए रोजगार के बहुत से पर्याप्त अवसर ढूंढने चाहियें। अगर युवा वर्ग को व्यस्त रखने तथा उनकों उनकी योग्यता के अनुरूप कार्य दे दिए जाएँ तो वे कभी भी रास्ते से नहीं भटकेंगे। इसकी वजह से आतंकवादियों को अपने षड्यंत्रों को पूरा करने के लिए जन शक्ति नहीं मिल पायेगी और वे खुद ही समाप्त हो जायेंगे।

सांप्रदायिकता का जहर : सांप्रदायिकता आतंकवाद का एक प्रमुख कारण होता है। हमारे देश में कुछ ऐसे लोगों का वर्ग रहता है जो 61 साल की स्वतंत्रता के बाद भी संकीर्ण और कट्टर धार्मिक विचारधारा के शिकार बने हुए हैं। ऐसे लोग ही दूसरे धर्मों के प्रति असहज हो जाते हैं।

ये लोग पुन: धर्म और राजनीति को मिलाने की कोशिश करते हैं। ये सभी धर्म के नाम पर अलग राज्य बनाना चाहते हैं। जो लोग उनकी धार्मिक पद्धति में नहीं आते हैं उनके प्रति वे सभी नफरत की भावना को फैलाते हैं। इस तरह से सांप्रदायिकता की भावना ही आतंकवाद को जन्म देती है। जो लोग एक संप्रदाय

के प्रति समर्पित होते हैं वे दूसरे संप्रदायों के लोगों से नफरत करते हैं।

जनता का सहयोग : जनता को भी सरकार को सहयोग देना चाहिए। कहीं-भी किसी भी संदिग्ध व्यक्ति अथवा वस्तु को देखते ही उसकी सूचना पुलिस को देनी चाहिए। बस अथवा रेलगाड़ी में बैठते समय यह देख लेना चाहिए कि आस-पास कोई लावारिस वस्तु तो नहीं पड़ी है अथवा रखी है।

जिन व्यक्तियों को आप न जानते हों उनसे कभी भी कोई उपहार नहीं लेना चाहिए। सार्वजनिक स्थल पर भी संदिग्ध आचरण वाले व्यक्ति से हमेशा बचकर रहना चाहिए। हम सभी जागरूक रहकर भी आतंकवादियों को आतंक फैलाने से रोक सकते हैं।

दूषित राजनीति : आज के समय में देश की असंख्य समस्याओं के लिए हमारी दूषित राजनीति जिम्मेदार होती है। हमारे देश के राजनीतिज्ञ और राजनीति पार्टियाँ देश में धर्म और जाति के नाम पर लोगों को भडकाते हैं और अपनी वोटों को पक्का कर लेते हैं। आज के समय में भी धर्म और जाति के नाम पर उम्मीदवारों को खड़ा किया जाता है।

कालांतर में जो लोग संकीर्ण और कट्टर बन जाते हैं वही लोग आतंकवादी बन जाते हैं। 11 सितम्बर, 2001 को आतंकवादियों ने न्यूयार्क में स्थित विश्व व्यापर संगठन कार्यालय के दो टावरों और अमेरिका में अमेरिकी रक्षा विभाग के प्रमुख कार्यालय पेंटागन के कुछ क्षेत्रों को विमान द्‌वारा टक्कर मारकर ध्वस्त कर दिया था।

अमेरिका की यह सबसे बड़ी दुर्घटना मानी जाती है जिसमें हजारों बेगुनाह लोगों की हत्या हो गयी थी। अमेरिका सरकार इस दुर्घटना के लिए ओसामा बिन लादेन को दोषी मानती है। हमारे देश के 55 हजार लोग पिछले 20 सालों से आतंकवादियों के आतंकवाद के शिकार बन चुके हैं।

सरकार के कदम : कोई भी धर्म किसी की भी निर्मम हत्या की आज्ञा नहीं देता है। हर धर्म मानव से ही नहीं बल्कि प्राणी मात्र से भी प्यार करना सिखाता है। अतः जो लोग धर्मिक संकीर्णता से ग्रस्त होते हैं उन व्यक्तियों का समाज से बहिष्कार किया जाना चाहिए और धार्मिक स्थानों की पवित्रता को अपने स्वार्थ के लिए नष्ट करने वाले लोगों के विरुद्‌ध सभी धर्मावलंबियों को एक साथ मिलकर प्रयास करना चाहिए। इसकी वजह से धर्म की ओट में आतंकवाद फैलाने वाले लोगों पर अंकुश लग सकेगा। सरकार को भी धार्मिक स्थलों के राजनीतिक उपयोगों पर प्रतिबंध लगाना चाहिए।

विषयों की गंभीरता : अगर आतंकवाद की समस्या को गंभीरता से समाप्त नहीं किया गया तो देश का अस्तित्व खतरे में पड़ जायेगा। इस प्रकार से लड़कर सभी समाप्त हो जायेंगे। जिस आजादी को प्राप्त करने के लिए हमारे पूर्वजों ने अपने प्राणों को भी न्योछावर कर दिया था हम उस आजादी को आपसी वैर भाव की वजह से समाप्त करके अपने ही पैरों पर कुलाढ़ी मार लेंगे। देश फिर से परतंत्रता के बंधन में बंध जायेगा। आतंकवादी हिंसा के बल से हमारा मनोबल तोड़ रहे हैं।

युवकों में बेरोजगारी : जितने भी लोग आतंकवादी बनते हैं वे सभी या तो बेरोजगार होते हैं या फिर आधे पढ़े-लिखे होते हैं। जो लोग आतंकवाद की नीति चलाते हैं वे इन बेरोजगार युवकों को अपने जाल में फंसा लेते हैं। जब भी कोई युवक अपराधी बन जाता है तो उसका आतंकवाद से बाहर निकलना मुश्किल हो जाता है।

युवकों का मन और मस्तिष्क अपरिपक्व होते हैं उन्हें किसी भी सांझे में ढाला जा सकता है। युवक जिस प्रकार के लोगों के पास रहते हैं वे खुद भी वैसे ही बन जाते है। पंजाब में जितने भी आतंकवादियों को पकड़ा गया था उन्होंने बेरोजगारी से परेशान होकर इस रास्ते को अपनाया था।

आतंकवाद रोकने के उपाय : आतंकवाद मानवता के नाम पर एक कलंक होता है। आतंकवाद किसी के लिए भी लाभकारी नहीं होता है खुद आतंकवादियों के लिए भी नहीं। आतंकवाद से मानवता को बहुत हानि हो चुकी है। आतंकवाद ने पता नहीं कितने बच्चों को अनाथ बना दिया, कितनी औरतों को विधवा कर दिया और कितने ही लोगों को बेसहारा बना दिया।

सबसे पहले सरकार को आतंकवादियों के साथ बहुत कठोरता से कार्यवाई करनी चाहिए। देश की सीमा पर बहुत ही कड़ी निगरानी रखने की जरूरत है। जों युवक आतंकवाद के जाल में फंस गये हैं उन्हें सही रास्ते पर लाकर किसी रोजगार में लगा देना चाहिए। इसी तरह से लोगों में देशभक्ति की भावना को उत्पन्न करना चाहिए।

स्कूलों और कॉलेजों में भी राष्ट्रिय एकता की भावना को उत्पन्न करने की शिक्षा दी जानी चाहिए। देश की बढती हुई आर्थिक विषमता को भी समाप्त करना चाहिए। देश में आतंकवादियों के अड्डे सफेदपोश धूर्त नेताओं के संरक्षण में सुरक्षित होते हैं उनको भी समाप्त किया जाना चाहिए। जब तक इन धूर्त सफेदपोशों का देश से नाश नहीं होता तब तक देशों की कोई भी समस्या नहीं सुलझ सकती। बिना उनके संरक्षण व संकेतों के कोई भी देश के अंदर गलत कदम नहीं बढ़ा सकता है।

उपसंहार : हमारा देश शांति और अहिंसा की जन्म भूमि है। इस देश में महात्मा गाँधी जी जैसे मानवता प्रेमियों का जन्म हुआ था। हमें महान संतों, ऋषियों, मुनियों, गुरुओं की वाणी का पूरे देश में प्रचार करना चाहिए। हमें संगठित होकर ईंट का जवाब पत्थर से देना चाहिए।

जिससे उनका मनोबल समाप्त हो जाए तथा वे जान सके कि उन्होंने अपना पैर गलत मार्ग पर रख दिया है। जब वे आत्मग्लानी से वशीभूत होकर अपने किए का पश्चाताप करेंगें तभी उन सभी को देश की मुख्य धारा में सम्मिलित किया जा सकेगा। हमें आतंकवादी समस्या का समाधान जनता और सरकार दोनों के मिले-जुले प्रयासों से ही संभव हो सकता है।

हिन्दू, सिख, मुसलमान, ईसाई सब भारत के सपूत हैं। इन सभी को आतंकवाद को खत्म करने के लिए प्रयास करना चाहिए। भारत देश सभी संप्रदायों की अमूल्य निधि है। जिस प्रकार से आतंकवाद का विस्तार हो रहा है उसको समय रहते नहीं रोका गया तो यह भारत और अन्य देशों के लिए बहुत बड़ी समस्या बन जायेगा।

8
भ्रष्टाचार

भ्रष्टाचार

भुमिका : संसार में जब एक बच्चा जन्म लेता है तो उसकी आत्मा इतनी अधिक सात्विक, उसके विचार इतने कोमल होते हैं और उनकी बुद्धि इतनी निर्मल होती है कि अगर उसे भगवान कहा जाये तो भी कुछ गलत नहीं होता है। इसी वजह से ही तो कुछ लोग बच्चों को बाल-गोपाल भी कहते हैं।

जिस तरह से वह सभी के संपर्क में आता है तो उसके विचारों और बुद्धि में भी परिवर्तन होने लगता है। इसकी वजह से वह समाज में जो कुछ भी देखता है, सुनता है और अनुभव करता है उसी की तरह ढलता चला जाता है। एक दिन वह बालक या तो उच्च स्थान पर पहुंच जाता है या तो दुराचारी बनकर समाज पर एक कलंक बन जाता है।

किसी भी देश के विकास के रास्ते में उस देश की समस्याएं बहुत ही बड़ी बाधाएं होती हैं। इन सभी समस्याओं में सबसे प्रमुख समस्या है भ्रष्टाचार की समस्या। जिस राष्ट्र या समाज में भ्रष्टाचार का दीमक लग जाता है वह समाज रूपी वृक्ष अंदर से बिलकुल खाली हो जाता है और उस समाज व राष्ट्र का भविष्य अंधकार से घिर जाता है।

इस क्षेत्र में भारत बहुत ही दुर्भाग्यशाली है क्योंकि उस पर यह समस्या पूरी तरह से छाई हुई है। अगर उचित समय पर इसका समाधान नहीं ढूंढा गया तो इसके बहुत ही भयंकर परिणाम निकलेंगे। वर्तमान समय में भ्रष्टाचार हमारे देश में पूरी तरह से फैल चुका है। भारत देश में आज के समय लगभग सभी प्रकार की आईटी कंपनियां, बड़े कार्यालय, अच्छी अर्थव्यवस्था होने के बाद भी आज भारत पूरी तरह से विकसित होने की दौड़ में बहुत पीछे है। इसका सबसे बड़ा कारण

भ्रष्टाचार ही है।

भ्रष्टाचार का अर्थ : भ्रष्टाचार का शाब्दिक अर्थ होता है – आचार से अलग या भ्रष्ट होना। अतः यह भी कहा जाता है कि समाज स्वीकृत आचार संहिता की अवहेलना करके दूसरों को कष्ट पहुँचाकर अपने निजी स्वार्थों और इच्छाओं को पूरा करना ही भ्रष्टाचार कहलाता है। अगर दूसरे शब्दों में कहा जाये तो भ्रष्टाचार वह निंदनीय आचरण होता है जिसके परिणाम स्वरूप मनुष्य अपने कर्तव्य को भूलकर अनुचित रूप से लाभ प्राप्त करने का प्रयास करने लगता है।

भाई-भतीजावाद, बेरोजगारी, गरीबी इसके दुष्परिणाम हैं जो लोगों को भ्रष्टाचार की वजह से भोगने पड़ते हैं। जो मनुष्य का दुराचार होता है वहीं पर यह अपना व्यापक रूप धारण करके भ्रष्टाचार की जगह को ग्रहण कर लेता है। कुछ लोग भ्रष्टाचार को बहुत ही संकुचित अर्थों में समझाते हैं।

अगर मैं अपने विचारों को व्यक्त करूं तो भ्रष्टाचार वह बुराई होती है जो समाज को अंदर-ही-अंदर खोखला करती रहती है। वास्तव में भ्रष्टाचार की स्थिति भी एक राक्षस की तरह होती है जिसमें काला बाजार उनका दूषित ह्रदय होता है और मिलावट होता है उनका पेट।

रिश्वत भ्रष्टाचार के हाथ हैं और व्यवहार और अनादर इसके पैर हैं, सिफारिश इसकी जीभ है तो शोषण इसके कठोर दांत हैं। यह राक्षस बेईमानी की आँखों से देखता है और कुनबापरस्ती कानों से सभी को सुनता है और अन्याय की नाक से सूँघता है। जब भ्रष्टाचार रूपी राक्षस अपना रूप धारण करके निकलता है तो समाज रूपी देवता भी घबरा जाता है।

भ्रष्टाचार के मूल कारण : हर बड़ी समस्या के पीछे कोई-न-कोई बड़ा कारण अवश्य होता है। इसी तरह से भ्रष्टाचार के पीछे भी बहुत से कारण हैं। वस्तुतः जहाँ पर सुख और एश्वर्य पनपता है वहीं पर भ्रष्टाचार भी पनपता है। भ्रष्टाचार के मूल में मानव का कुंठित अहंभाव, स्वार्थपरता, भौतिकता के प्रति आकर्षण, कुकर्म और अर्थ की प्राप्ति का लालच छुपा हुआ होता है।

आज के मनुष्य की कभी न समाप्त होने वाली इच्छाएं भी भ्रष्टाचार का प्रमुख कारण होती हैं। इसके आलावा अपनों का पक्ष लेना भी भ्रष्टाचार का एक प्रमुख कारण है। किसी कवि ने भी कहा है कि परिजनों में पक्षपात तो होता ही है और यही पक्षपात भ्रष्टाचार का मूल कारण बनता है। भ्रष्टाचार को उत्पन्न करने का कारण एक प्रकार से मनुष्य खुद होता है।

जब अंग्रेज भारत से गये थे तो भारत में भ्रष्टाचार की बहुत कम मात्रा थी। अंग्रेज भारत में कुछ परिक्षण छोड़ गये थे लेकिन भारत को इस बात पर पूरा

विश्वास था कि भारत के स्वतंत्र होते ही वे उनका पूरी तरह से नाश कर देंगे लेकिन इसका बिलकुल उल्टा हुआ था। भ्रष्टाचार कम होने की जगह पर और अधिक बढ़ जाता है। भारत के वासी और भारत की सरकार दोनों ने ही स्वतंत्रता के असली अर्थ को नहीं समझा हैं।

भ्रष्टाचार की व्यापकता एवं प्रभाव : भ्रष्टाचार का प्रभाव और क्षेत्र बहुत ही व्यापक है। आज के समय में कोई भी ऐसा क्षेत्र नहीं है जहाँ पर भ्रष्टाचार ने अपनी जड़ों को न फैला रखा हो। भ्रष्टाचार की गिरफ्त में व्यक्ति, मनुष्य, समाज, राष्ट्र यहाँ तक की अंतर्राष्ट्रीय भी फंसे हुए हैं। भ्रष्टाचार कण-कण और घट-घट में श्री राम की तरह समाया हुआ है।

ऐसा लगता है जैसे इसके बिना संसार में कोई भी काम नहीं किया जा सकता है। राजनीतिक क्षेत्र तो पूरी तरह से भ्रष्टाचार का घर ही बन चुका है। आज के समय में चाहे विधायक हो या संसद हो सभी बाजार में रखी वस्तुओं की तरह बिक रहे हैं। आज के समय में भ्रष्टाचार के बल पर ही सरकारे बनाई और गिराई जाती हैं।

आज के समय में तो पुजारी भी भक्तों की स्थिति को देखकर ही फूल डालता है। किसी भी धार्मिक स्थल पर जाकर देखा जा सकता है कि जो लोग धर्मात्मा कहलाते हैं वही लोग भ्रष्टाचार की गंगा में डुबकियाँ लगाते हैं। भ्रष्टाचार ने आर्थिक क्षेत्र में तो कमाल ही कर दिया है। आज के समाज में करोड़ों की रिश्वत लेने वाला व्यक्ति सीना तान कर चलता है, अरबों का घोटाला करने वाला नेता समाज में सम्मानीय बना रहता है।

चुरहट कांड, बोफोर्स कांड, मंदिर कांड, मंडल कांड और चारा कांड ये सभी भ्रष्टाचार के ही भाई बंधु होते हैं। शिक्षा के क्षेत्र में भी भ्रष्टाचार को स्पष्ट रूप से देखा जा सकता है। योग्य छात्र को ऊँची कक्षा में दाखिला नहीं मिल पाता है लेकिन अयोग्य छात्र भ्रष्टाचार का सहारा लेकर उपर तक पहुंच जाते हैं लेकिन योग्य छात्र ऐसे ही रह जाते हैं।

जब मनुष्य स्वार्थ में अँधा हो जाता है तो वह अभिमान के नशे में झुमने लगता है, वह कामवासना से वशीभूत होकर उचित और अनुचित में फर्क करना छोड़ देता है, वह धर्म कर्म को छोड़कर नास्तिकता और अकर्मण्यता के संकीर्ण पथ पर आरूढ़ हो जाता है। करुणा और सहानुभूति की भावना को त्यागकर निर्दय और कठोर बन जाता है।

वह धीरे-धीरे ऐसी स्थिति में फंस जाता है जिससे निकलना उसके लिए असंभव हो जाता है। भ्रष्टाचार की वजह से सिर्फ मनुष्य की ही नहीं बल्कि राष्ट्र

की भी हानि होती है। भ्रष्टाचार कुछ इस तरह से भारत में दीमक की तरह फैल चुका है कि इसके प्रभाव बता पाना बहुत मुश्किल है।

भले ही कोई ढोंगी बाबा हो या कोई रोड, ईमारत या पुल बनाने वाला कॉन्ट्रेक्टर का काम हो हर जगह भ्रष्टाचार दिख ही जाता है। भारत की बहुत सी जगहों पर धर्म संप्रदाय, आस्था और विश्वास के नाम पर लोगों का शोषण किया जा रहा है। सरकारी दफ्तरों में पैसे या घूस न देने पर काम पूरे नहीं होते हैं।

दुकानों में मिलावट का सामान मिल रहा है और कई कंपनियों का सामान खाने के लायक न होने पर भी भ्रष्टाचार के कारण दुकानों पर मिल रहा है। कुछ पैसों के लिए बड़े-बड़े कर्मचारी और नेता गलत चीजों को पास कर देते हैं जिसका प्रभाव अक्सर आम आदमी पर पड़ता है।

भ्रष्टाचार कम इसलिए नहीं हो रहा है क्योंकि भ्रष्टाचार हर किसी की आदत बन चुका है। आज के समय में भ्रष्टाचार होने पर लोगों को लगता है कि यह तो आम बात है। जब तक भारत देश से भ्रष्टाचार मुक्त नहीं होगा तब तक हम भारत को एक विकसित देश नहीं बना सकते हैं। आज के समय में भ्रष्टाचार की वजह से सरकार द्वारा शुरू किए गए सार्वजनिक काम पूरे नहीं हो पाते हैं।

भ्रष्टाचार के निवारण के उपाय : भ्रष्टाचार को रोकना बहुत ही मुश्किल होता है क्योंकि जब-जब इसे रोकने के लिए कदम उठाये जाते हैं तब-तब कुछ दिनों तक व्यवस्था ठीक प्रकार से चलती है लेकिन बाद में फिर से व्यवस्था में भ्रष्टाचार आ जाता है। भ्रष्टाचार एक संक्रामक रोग की तरह होता है। यह एक व्यक्ति से शुरू होता है और पूरे समाज में फैल जाता है।

अगर भ्रष्टाचार को रोकना है तो फिर से समाज में नैतिक मूल्यों की स्थापना करनी होगी। जब तक हमारे जीवन में नैतिकता नहीं आएगी तब तक हमारा भौतिकवादी दृष्टिकोण नहीं बदल सकता है। जब तक हमारे जीवन में नैतिकता नहीं आएगी तब तक हमारे जीवन की सारी बातें केवल कल्पना बनकर ही रह जाएँगी।

इसी वजह से हमें हर व्यक्ति के अंदर नैतिकता के लिए सम्मान और श्रद्धा को उत्पन्न करना होगा। समाज से भ्रष्टाचार को कम करने के लिए ईमानदार लोगों को प्रोत्साहन देना चाहिए ताकि उन्हें देखकर दूसरे लोग भी उनकी होड़ करने लगें हैं और ईमानदारी के लिए लोगों के मनों में आस्था जागने लगे।

भ्रष्टाचार को रोकने के लिए सख्ती के कानूनों और दंडों की व्यवस्था की जानी चाहिए। आज के समय में दंड व्यवस्था इतनी कमजोर हो गयी है कि अगर कोई व्यक्ति रिश्वत लेता पकड़ा जाता है तो दंड से बचने के लिए रिश्वत देकर बच जाता

है। ऐसी स्थिति में भी भ्रष्टाचार को बहुत बढ़ावा मिलता है।

इसके साथ ही किसी भी नए मंत्री की नियुक्ति के समय चल और अचल संपत्ति का पूरी तरह से ब्योरा करना चाहिए। सरकार को निष्पक्ष समिति का उपयोग करना चाहिए ताकि वे बड़े-बड़े लोगों पर लगे आरोपों की जाँच कर सकें। लगभग सभी केंद्रीय सरकार के कर्मचारियों को 7 वें वेतन आयोग की रिपोर्ट के अनुसार बहुत हद तक अच्छा वेतन मिल रहा है।

अभी भी राज्य सरकार के कर्मचारियों को ठीक तरह से वेतन नहीं मिल पाया है। लेकिन वेतन ठीक प्रकार से मिलने के बाद भी भ्रष्टाचार अब दफ्तरों में एक आदत बन चुकी है जिसकी वजह से भ्रष्टाचार बढ़ता चला जाता है। इसलिए सोच समझकर और सही समय पर वेतन बढ़ाया जाना चाहिए जिससे कर्मचारियों के मन में भ्रष्टाचार की भावना उत्पन्न न हो सके।

बहुत सारे सरकारी दफ्तरों में जरूरत से बहुत कम कर्मचारी नियुक्त किए जाते हैं जिस वजह से काम करने वाले कर्मचारियों पर भार बढ़ जाता है। इस तरह से दो तरह की असुविधाएं उत्पन्न होती हैं पहले आम आदमी का काम सही समय पर पूर्ण नहीं हो पाता है और दूसरा काम को जल्दी पूर्ण कराने के लिए लोग भ्रष्टाचार का रास्ता अपनाते हैं।

इस स्थिति में जो लोग घूस देते हैं उनका काम सबसे पहले हो जाता है और जो लोग घूस नहीं देते हैं उनका काम पूरा होने में साल भर का समय लग जाता है। सरकारी दफ्तरों में भ्रष्टाचार को खत्म करने के लिए हर विभाग में भ्रष्टाचार के विरुद्ध काम करने वाले आयोग बनाने चाहिए जो ऐसे अनैतिक कार्यों पर ध्यान रख सकें। आज के समय में सभी कार्यालयों में कैमरे लगाए जाते हैं जिससे कार्यालय में निगरानी रखी जा सके।

उपसंहार : भ्रष्टाचार को खत्म करना केवल सरकार का ही नहीं बल्कि हम सब का कर्तव्य बनता है। आज के समय हम सभी को एक साथ मिलकर भ्रष्टाचार को समाप्त करने के लिए प्रयास करने चाहियें। हर मनुष्य को सिर्फ अपने स्वार्थों तक सिमित नहीं रहना चाहिए बल्कि दूसरे लोगों के सुख को अपना सिद्धांत बनाकर चलना चाहिए तभी हम कुछ हद तक भ्रष्टाचार को कम कर सकेंगे।

यह बात स्पष्ट हैं कि जब तक भ्रष्टाचार को जड़ से खत्म नहीं किया जायेगा तब तक राष्ट्र उन्नति नहीं कर सकता है। भ्रष्टाचार की वजह से ही आज के समय में अमीर और अमीर होता जा रहा है और गरीब और अधिक गरीब होता जा रहा है। भ्रष्टाचार कभी भी देश की स्वतंत्रता के लिए खतरा बन सकता है। जब भारत से भ्रष्टाचार खत्म हो जायेगा तो भारत फिर से सोने की चिड़िया कहलाने लगेगा।

9
परीक्षाओं में बढती नकल की प्रवृत्ति

परीक्षाओं में बढती नकल की प्रवृत्ति

भूमिका : हर वर्ष करोड़ों की संख्या में विद्यार्थी बोर्ड की परीक्षा देते हैं। स्कूलों व् कोलेजों में बहुत प्रकार की परीक्षाएं आयोजित करवाई जाती हैं। अगर किसी अच्छे स्कूल या कॉलेज में दाखिला लेना हो तो परीक्षा देनी पडती है, किसी प्रकार की नौकरी प्राप्त करनी हो तो परीक्षा देनी पडती है, किसी कोर्स का दाखिला लेना हो तो परीक्षा देनी पडती है।

परीक्षाओं के अनेक रूप होते हैं। लेकिन हम केवल एक ही परीक्षा से परिचित हैं जो कि लिखित रूप से कुछ प्रश्नों के उत्तर देने से पूरी होती है। खुदा ने अब्राहम की परीक्षा ली थी। परीक्षा के नाम से फरिश्ते घबराते हैं पर मनुष्य को बार-बार परीक्षा देनी पडती है।

परीक्षा क्या है : परीक्षा को वास्तव में किसी की योग्यता, गुण और सामर्थ्य को जानने के लिए प्रयोग किया जाता है। शुद्ध-अशुद्ध अथवा गुण-दोष को जांचने के लिए परीक्षा का प्रयोग किया जाता है। हमारी शिक्षा प्रणाली का मेरुदंड परीक्षा को माना जाता है। सभी स्कूलों और कॉलेजों में जो कुछ भी पढ़ाया जाता है उसका उद्देश्य विद्यार्थियों को परीक्षा में सफल कराना होता है।

स्कूलों में जो सामान्य रूप से परीक्षा ली जाती हैं वह वार्षिक परीक्षा होती है। जब वर्ष के अंत में परीक्षाएं ली जाती हैं तब उनकी उत्तर पुस्तिका से उनकी क्षमता का पता चलता है। विद्यार्थियों की योग्यता को जांचने के लिए अभी तक कोई दूसरा उपाय नहीं मिला है इस लिए वार्षिक परीक्षा से ही उनकी योग्यता का पता

लगाया जाता है। परीक्षाओं से विद्यार्थियों की स्मरण शक्ति को भी जांचा जा सकता है।

परीक्षा का वर्तमान स्वरूप : तीन घंटे से भी कम समय में विद्यार्थी पूरी साल पढ़े हुए और समझे हुए विषय को हम कैसे जाँच -परख सकते हैं? जब प्रश्न-पत्रों का निर्माण वैज्ञानिक तरीके से नहीं होता तो विद्यार्थियों की योग्यता को जांचना त्रुटिपूर्ण रह जाता है। जब परीक्षा के भवन में नकल की जाती है तो परीक्षा-प्रणाली पर एक प्रश्न चिन्ह लग जाता है। प्रश्न पत्रों का लीक हो जाना आजकल आम बात हो गई है। हमारी परीक्षा-प्रणाली की विश्वसनीयता लगातार कम होती जा रही है।

नकल क्यूँ : जिस प्रकार राम भक्त हनुमान को राम का ही सहारा रहता था उसी तरह कुछ बच्चों को बस नकल का ही सहारा रहता है। पहले समय में बच्चों को नकल करने के लिए कला का सहारा लेना पड़ता था लेकिन आजकल तो अध्यापक ही बच्चों को नकल करवाने के लिए चारों तरफ फिरते रहते हैं।

नकल करना और करवाना अब एक पैसा कमाने का माध्यम बन गया है। अगर नकल करवानी है तो माता-पिता के पास धन होना जरूरी हो गया है। कुछ विद्यार्थी दूसरों के लिए आज भी नकल करवाने और चिट बनाने का काम करते रहते हैं। बहुत से विद्यार्थी तो ब्लू-टूथ और एस० एम० एस० के द्वारा भी नकल करते रहते हैं। बच्चों के मूल्यांकन में भी बहुत गडबडी होने लगी है।

नकल के लिए सुझाव : कोई भी परीक्षा प्रणाली विद्यार्थी के चरित्र के गुणों का मूल्यांकन नहीं करती है। जो लोग चोरी करते हैं हत्याएँ करते हैं वे भी जेलों में बैठकर परीक्षा देते और प्रथम श्रेणी प्राप्त करते हैं। जो परीक्षा प्रणाली केवल कंठस्थ करने पर जोर देती है वो विद्यार्थियों की योग्यता का मूल्यांकन नहीं कर सकती। सतत चलने वाली परीक्षा प्रणाली की स्कूलों और कॉलेजों में विकसित होने की जरूरत है। विद्यार्थी के ज्ञान, गुण और क्षमता का भी मूल्यांकन किया जाना चाहिए।

उपसंहार : आजकल बहुत से लोगों को परीक्षाएं देनी पडती हैं। अगर आपको कोई भी कार्य करना है तो पहले आपको परीक्षा देनी पडती है। कुछ लोग परीक्षा देने के परिश्रम से बचने के लिए नकल करते हैं तो कुछ लोग पैसे देकर नकल करते हैं लेकिन ऐसा कब तक चलेगा। आगे चलकर जब उन्हें कोई व्यवसायिक कार्य या फिर नौकरी पाने के लिए फिर भी परीक्षा देनी ही पड़ेगी तब वे क्या करेंगे?

10

कुसंगति के दुष्परिणाम

कुसंगति के दुष्परिणाम

कुसंगति का अर्थ होता है – बुरी संगत। मनुष्य एक सामाजिक प्राणी होता है। जब तक वो समाज में संबंध प्राप्त नहीं कर पाते हैं तब तक वो अपने जीवन को आगे नहीं बढ़ा पाते हैं। समाज में कई तरह के लोग होते हैं। कुछ अच्छे लोग होते हैं तो कुछ बुरे लोग होते हैं।

जब व्यक्ति की संगत अच्छी होती है तो उससे उसकी जड़ता को दूर किया जाता है। सत्संगति से मनुष्य की वाणी, आचरण में सच्चाई आती है। मनुष्य के अंदर से पापों का नाश होता है। इससे मनुष्य के अंदर की बुराईयाँ खत्म हो जाती है।

लेकिन कुसंगति सत्संगति की बिलकूल उल्टी होती है यह मनुष्य के अंदर बुराईयाँ पैदा करती है। कुसंगति मनुष्य को बुरे रास्ते पर ले जाती है। जो व्यक्ति सत्संगति के विरुद्ध होता है वह कुसंगति के अधीन होता है।

यह कभी भी नहीं हो सकता है कि मनुष्य कुसंगति के प्रभाव से बच सकता है। जो व्यक्ति दुष्ट और दुराचारी व्यक्तियों के साथ रहते हैं वे व्यक्ति भी दुष्ट और दुराचारी बन जाते हैं। इस संसार में व्यक्ति या तो भगवान की संगत पाता है या फिर बुरे व्यक्ति की संगत में पड़ जाता है क्योंकि मानव का समाज के अभाव में अस्तित्व नहीं है।

आचरण की पहचान :

किसी भी व्यक्ति के आचरण को जानने के लिए उसके दोस्तों के आचरण को जानने की जरूरत होती है। यह इसलिए करना चाहिए क्योंकि जिस व्यक्ति के दोस्त दुष्ट और दुराचारी होते हैं वह भी दुष्ट और दुराचारी ही होगा। व्यक्ति पर

संगती का असर जाने-अनजाने में पड़ ही जाता है।

बचपन से व्यक्ति अपने आस-पडोस और परिवार से जो कुछ भी सीखता है वह उन सब को ही दोहराता है। जब व्यक्ति गाली को सुनता है तभी तो उसे गाली देने की आदत पडती है। सत्संगति का किसी भी मनुष्य के चरित्र में बहुत बड़ा हाथ होता है। अगर व्यक्ति अच्छी पुस्तकें पढ़ता है तो वह भी सत्संगति होती है।

जो लेखक विद्वान होता है वह अपनी पुस्तकों से ही हमारे साथ रहता है। अच्छी पुस्तक और महान लोग हमारे मित्र होते हैं और हमें रास्ता दिखाते हैं इनके बताये हुए रास्ते पर चलने से व्यक्ति का जीवन कंचन के समान हो जाता है। दुष्टों और दुराचारियों का संग देने से मनुष्य का जीवन भी उसी की तरह का बन जाता है। ऐसे लोग व्यक्ति को पतन की तरफ ले जाते हैं। मनुष्य को विवेक प्राप्त करने के लिए सत्संगति को अपनाना चाहिए।

कुसंगति के दुष्परिणाम :

कुसंगति का मनुष्य पर बहुत बड़ा प्रभाव पड़ता है। किसी भी व्यक्ति को अच्छी बातें सीखने में थोडा समय लग जाता है लेकिन वही व्यक्ति बुरी बातों को सीखने में बिलकुल भी समय नहीं लगाता है। जो व्यक्ति जिस तरह के व्यक्तियों के साथ बैठता है वो उन्ही की तरह का बन जाता है।

जब अच्छे व्यक्ति बुरे व्यक्तियों के साथ रहने लगता है तो अच्छा व्यक्ति भी बुरा बन जाता है। अगर हमें किसी भी व्यक्ति के बारे में यह पता लगाना है कि उसका चरित्र कैसा है तो सबसे पहले उसके दोस्तों से बात चीत करनी चाहिए। एक व्यक्ति के व्यवहार से ही उसके चरित्र का पता लग जाता है।

जो व्यक्ति कुसंगति के शिकार होते हैं वे किसी की बात नहीं सुनते हैं और सभी को गलत समझते हैं। वे जिन लोगों को अपना दोस्त समझते हैं उनसे बढकर उन्हें कोई भी अपना नहीं लगता है लेकिन वे लोग ही उसको दोखा देते हैं।

वह अपने घर वालों की नजरों में भी बुरा बन जाता है और समाज भी उसे बुरा मानता है। मनुष्य अपने जीवन में कहीं का भी नहीं रहता है। ऐसा व्यक्ति न ही तो अपने परिवार का कल्याण कर पाता है और न ही अपने देश और समाज के लिए अपने कर्तव्य को निभा पाता है।

अच्छी संगती की आवश्यकता :

किसी व्यक्ति के लिए उन्नति का मार्ग सिर्फ सत्संगति से ही खुलता है। सत्संगति से सत्य और भगवान के प्रति हमारी जिज्ञासा बढ़ जाती है। आगे आने वाले समय में लोगों को बुरी संगत से बचाने के लिए अच्छी संगत की बहुत जरूरत होती है। बच्चों को अच्छी संगत पर चलाने से उसका चरित्र पूरे समाज में प्रसिद्ध

होता है लेकिन जो बच्चे बुरी संगत को अपनाते हैं समाज में उनका कोई भी सम्मान नहीं करता है।

जो लोग सत्संगति को अपनाते हैं वे अपने बल पर कुछ भी प्राप्त कर सकते हैं लेकिन जो कुसंगति को अपनाते हैं उन्हें कुछ भी प्राप्त नहीं होता है। जो लोग कुसंगति को अपनाते हैं वो लोग बुरे रास्ते पर चल देते हैं लेकिन जो लोग अच्छी संगत को अपनाते हैं वो कभी भी अपने रास्ते से नहीं भटकते हैं।

जो बुरी संगत को अपनाते हैं उन्हें अपने परिवार पर भरोसा नहीं होता है इसी वजह से अच्छी संगत की बहुत जरूरत होती है। जिनमें अच्छी संगत होती है वे अपने परिवार पर हमेशा भरोसा करते हैं। जिस प्रकार अगर एक पुत्र अच्छी संगत का हो तो वह अपने जीवन में हमेशा उन्नति के शिखर पर रहेगा।

सज्जन और दुर्जन का संग :

कुसंगति की अनेक हानियाँ होती है। संसार में गुण और दोष दोनों ही होते हैं। जो मनुष्य दुराचार, पापाचार, दुश्चरित्रता गुण से ग्रस्त होता है वह कुसंगति के वश में होता है। आज के समय में विद्यार्थियों को कुसंगति के प्रभाव से बिगड़ते हुए सभी ने देखा होगा।

जो विद्यार्थी कभी प्रथम श्रेणी पर आते थे वे फेल होने लग जाते हैं यह सब कुसंगति का प्रभाव होता है। इसी कुसंगति से बहुत से घर नष्ट हो जाते हैं। जो व्यक्ति बुद्धिमान से भी बुद्धिमान होता है उस पर कुसंगति का बहुत प्रभाव पड़ता है।

एक महान कवि ने कहा था कि सज्जन और दुर्जन दोनों ही व्यक्तियों का साथ ही हमेशा अनुचित होता है | यह कुछ नहीं बस विषमता को ही जन्म देता है। हम अक्सर देखते हैं कि बुरा व्यक्ति तो बुराई छोड़ नहीं पाता हैं लेकिन उसकी संगत से अच्छा व्यक्ति भी बुरा बन जाता है। कभी भी बुरा व्यक्ति अपनी बुराई को छोड़ नहीं पाता है, वह कुछ भी कर ले लेकिन उसका साथ नहीं छोड़ पाता है।

कुसंगति से बचने के उपाय :

सत्संगति मनुष्य के जीवन में बहुत महत्वपूर्ण होती है। अगर मनुष्य को जीवन में उन्नत और सफल होना है तो उसे सत्संगति के मार्ग को अपनाना ही होगा। सत्संगति के मार्ग पर चलकर ही वो अपने लक्ष्य तक पहुंच सकता है। सत्संगति का अर्थ होता है अच्छे व्यक्तियों की संगत।

जो व्यक्ति अच्छे व्यक्तियों की संगत में रहते हैं उनके उन्नति के रास्ते में कभी भी कोई बाधा नहीं आती है। वे हमेशा उन्नति की तरफ चलते रहते हैं। जब मनुष्य बुद्धिमान, विद्वान्, और गुणवान लोगों की संगत को अपनाते हैं तो उस

व्यक्ति में अच्छे गुणों का बहुत ही तेजी से विकास होता है और वह सत्संगति से परिचित हो जाता है।

सत्संगति से व्यक्ति के अंदर जो दुर्गुण होते हैं वो नष्ट हो जाते हैं। सत्संगति से मनुष्य की बुराईयाँ दूर हो जाती हैं और उसका मन बहुत ही पवित्र या पावन हो जाता है। वह सभी प्रकर की बुराईयों से मुक्त हो जता है।

सत्संगति के प्रकार :

सत्संगति का अर्थ होता है – अच्छी संगत। सत्संगति दो तरह की होती है। एक तो जब कोई व्यक्ति किसी बुद्धिमान, विद्वान् व्यक्ति के साथ रहकर उसकी संगति को प्राप्त करता है और दूसरी तरफ कोई व्यक्ति किताबों और सत्संगों से संगत प्राप्त करता है।एक में कोई व्यक्ति दूसरे व्यक्ति से सीखता है और दूसरे में कोई व्यक्ति किताबों और सत्संगों से सीखता है।

सत्संगति को अपनाने से मनुष्य के अंदर के ज्ञान में वृद्धि होती है। जो व्यक्ति सत्संगति को अपनाते हैं उन पर कुसंगति का कोई असर नहीं पड़ता है। जिस तरह से मधुमक्खियाँ शहद को बनाती है लेकिन खुद उस शहद को कभी नहीं खाती हैं। उसी तरह चंदन के पेड़ से साँप लिपटे रहते हैं लेकिन चंदन में कभी भी विष व्याप्त नहीं होता है।

उपसंहार :

किसी भी व्यक्ति के जीवन में संगति का बहुत महत्व होता है। किसी भी जीवन की विजय और पराजय उसकी संगति पर निर्भर करती है। जो व्यक्ति बुरा होकर भी विद्वान् होता है उसका जीवन व्यर्थ होता है। अगर हमें जीवन में सफलता और उन्नति प्राप्त करनी है तो अपने जीवन की संगति पर विशेष ध्यान देने की जरूरत होती है।

जो व्यक्ति बुरे व्यक्तियों के साथ रहता है वह भी बुरा बन जाता है। सब लोगों को पता होता है कि सच सच को जन्म देता है, अच्छाई अच्छाई को जन्म देती है, और बुराई बुराई को जन्म देती है। अगर मनुष्य कुसंगति से बचा रहे तो उसी में उसकी भलाई होती है।

11

महिला सशक्तिकरण

महिला सशक्तिकरण

भूमिका : महिला सशक्तिकरण को समझने से पहले सशक्तिकरण को समझना बहुत जरूरी है। सशक्तिकरण से तात्पर्य किसी व्यक्ति की उस क्षमता से होता है जिससे उसमें यह योग्यता आ जाती है जिसमें वह अपने जीवन से जुड़े सभी फैसलों को खुद ले सके।

महिला सशक्तिकरण में भी उसी क्षमता की बात होती है जहाँ पर महिलाएं परिवार और समाज के सभी बंधनों से मुक्त होकर अपने फैसलों की निर्माता खुद होती है। महिला सशक्तिकरण संसार भर में महिलाओं को सशक्त बनाने की एक मुहीम है जिससे महिलाएं खुद अपने फैसले ले सकें और हमारे इस समाज और अपने परिवार के बहुत से निजी दायरों को तोडकर अपने जीवन में आगे बढ़ सके।

महिला सशक्तिकरण : महिला सशक्तिकरण को बहुत ही आसान शब्दों में परिभाषित किया जा सकता है। इससे महिलाएँ शक्तिशाली बनती हैं जिससे वो अपने जीवन से जुड़े हर फैसले को खुद ले सकती हैं और अपने परिवार तथा समाज में अच्छी तरह से रह सकती हैं। समाज में महिलाओं के वास्तविक अधिकार को प्राप्त करने के लिए उन्हें सक्षम बनाना महिला सशक्तिकरण कहलाता है।

महिला सशक्तिकरण का उद्देश्य होता है महिलाओं को शक्ति प्रदान करना जिससे वे हमारे समाज में पीछे न रह सके और पुरुषों के साथ कंधे से कंधा मिलाकर फैसलें ले सकें तथा गर्व से अपना सिर उठाकर चल सकें। महिला सशक्तिकरण का मुख्य लक्ष्य महिलाओं को उनका अधिकार दिलाना है।

महिला सशक्तिकरण का तात्पर्य ऐसी सामाजिक प्रक्रिया से है जिसमें महिलाओं के लिए सर्वसम्पन्न तथा विकसित होने हेतु संभावनाओं के द्वार खुले,

नए विकल्प तैयार हों, भोजन, पानी, घर, शिक्षा, स्वास्थ्य, सुविधाएँ, शिशु पालन, प्राकृतिक संसाधन, बैंकिंग सुविधाएँ, कानूनी हक तथा प्रतिभाओं के विकास हेतु पर्याप्त रचनात्मक अवसर प्राप्त हों।

महिला सशक्तिकरण की आवश्यकता : हम सभी को पता है कि हमारा देश एक पुरुष प्रभुत्व वाला देश है जहाँ पर पुरुषों को महिलाओं की तुलना में अधिक सक्षम समझा जाता है जो उचित नहीं है। आज भी बहुत से स्थानों पर महिलाओं को पुरुषों की तरह काम करने नहीं दिया जाता है और उन्हें परिवार की देखभाल और घर से न निकलने की हिदायत दी जाती है।

भारत एक पुरुषप्रधान समाज है जहाँ पर पुरुष का प्रत्येक क्षेत्र मंक दखल होता है और महिलाएँ केवल घर-परिवार की जिम्मेदारी उठाती है साथ ही उन पर कई पाबंदियाँ भी होती हैं। भारत की लगभग 50% आबादी महिलाओं की है अथार्त सारे देश के विकास के लिए इस आधी आबादी की बहुत ज्यादा जरूरत है जो आज तक सशक्त नहीं है और बहुत से सामाजिक प्रतिबंधों से बंधी हुई है।

भविष्य में इस आधी आबादी को मजबूत किये बिना हमारे देश के विकास की कल्पना भी नहीं की जा सकती है। हमारे देश को विकसित करने के लिए यह आवश्यक है कि सरकार, पुरुष और स्वंय महिलाओं द्वारा महिला सशक्तिकरण को बढ़ावा दिया जाए। महिला सशक्तिकरण की आवश्यकता इसलिए पड़ी क्योंकि प्राचीनकाल में भारत में लैंगिक असमानता थी और पुरुषप्रधान समाज था।

महिलाओं को उनके परिवार और समाज के द्वारा दबाया गया, उनके साथ बहुत प्रकार से हिंसा की गई तथा परिवार और समाज में भेदभाव किया गया, ऐसा सिर्फ भारत में ही नहीं बल्कि दूसरे देशों में भी दिखाई देता है। प्राचीनकाल से महिलाओं के साथ समाज में चल रहे गलत और पुराने चलन को नए रीती-रिवाजों और परंपराओं में ढाल दिया गया है।

भारतीय समाज में महिलाओं को सम्मान देने के लिए माँ, बहन, पुत्री, पत्नी के रूप में महिला देवियों को पूजने की परंपरा है लेकिन इसका यह अर्थ नहीं कि सिर्फ महिलाओं के पूजने से देश के विकास की आवश्यकता को पूरा किया जा सकता है। आज के समय में आवश्यकता है कि देश की आधी आबादी यानि महिलाओं का प्रत्येक क्षेत्र में सशक्तिकरण किया जाये क्योंकि यही देश के विकास का आधार बनेंगी।

भारत एक सुप्रसिद्ध देश है जिसने विविधता में एकता के मुहावरे को साबित करके दिखाया है। भारत के समाज में विभिन्न धर्मों को मानने वाले लोग रहते हैं। महिलाओं को प्रत्येक धर्म में एक भिन्न स्थान दिया गया है जो लोगों की आँखों

को ढके हुए पर्दे के रूप में और बहुत वर्षों से आदर्श के रूप में महिलाओं के विरुद्ध बहुत सारे गलत कामों को जारी रखने में सहायता कर रहा है।

प्राचीनकाल के भारतीय समाज में भेदभाव दस्तूरों के साथ-साथ सती प्रथा, नगर वधु व्यवस्था, दहेज प्रथा, यौन हिंसा, घरेलू हिंसा, गर्भ में बच्चियों की हत्या, पर्दा प्रथा, कार्य स्थल पर यौन शोषण, बाल मजदूरी, बाल विवाह, देवदासी प्रथा, कन्या भ्रूण हत्या आदि परंपरा थीं।

पुरुष पारिवारिक सदस्यों के द्वारा सामाजिक राजनीतिक अधिकारों को पूरी तरह से प्रतिबंधित कर दिया गया है। महिलाओं के विरूद्ध बहुत से बुरे चलनों को खुले विचारों और महान भारतीय लोगों के द्वारा हटाया गया है और महिलाओं के विरुद्ध भेदभाव पूर्ण कामों के लिए अपनी आवाज को उठाया। अंग्रेजों द्वारा सती प्रथा को खत्म करवाने के लिए राजा राम मोहन राय ने लगातार कोशिशें की थीं जिसमें उन्हें सफलता प्राप्त हुई थी।

इसके बाद बहुत से भारतीय समाज सुधारकों ने भी महिला उत्थान के लिए अपनी आवाज को बुलंद किया और बहुत संघर्ष किया। भारत देश में विधवाओं की स्थिति को सुधारने के लिए ईश्वर चन्द्र विद्यासागर ने लगातार कोशिशों के द्वारा विधवा से पुर्न विवाह अधिनियम 1856 की शुरुआत करवाई थी।

पिछले कुछ सालों में महिलाओं के विरुद्ध होने वाले लैंगिक असमानता और बुरी प्रथाओं को हटाने के लिए सरकार द्वारा बहुत सारे संवैधानिक और कानूनी अधिकार बनाये गये और उन्हें लागु किया गया है। ऐसे बड़े विषयों को सुलझाने के लिए महिलाओं सहित सभी के लगातार सहयोग की बहुत अधिक जरूरत है।

आधुनिक समाज महिलाओं के अधिकारों को लेकर अधिक जागरूक है जिसका परिणाम यह है कि बहुत सारे स्वयं-सेवी समूह और एनजीओ आदि सभी इस दिशा में अपने सफल प्रयास कर रहे हैं। महिलाएं अधिक खुले हुए दिमाग की होती हैं और सभी आयामों में अपने अधिकारों को पाने के लिए सभी सामाजिक बंधनों को तोड़ रही है।

कानूनी अधिकार के साथ महिलाओं को सशक्त बनाने के लिए संसद द्वारा पास किए गए कुछ अधिनियम जैसे – एक बराबर पारिश्रमिक एक्ट 1976, दहेज रोक अधिनियम 1961, अनैतिक व्यापार रोकथाम अधिनियम 1956, मेडिकल तर्म्नेशन ऑफ प्रेग्नेंसी एक्ट 1987, बाल विवाह रोकथाम एक्ट 2006, लिंग परीक्षण तकनीक एक्ट 1994, कार्यस्थल पर महिलाओं का यौन शोषण एक्ट 2013 आदि को चलाया गया है।

राष्ट्र निर्माण में भूमिका : महिलाएं हमारे देश की आबादी का लगभग आधा हिस्सा होती हैं। इसी वजह से राष्ट्र के विकास के इस महान काम में महिलाओं की भूमिका और योगदान को पूरी तरह और सही परिप्रेक्ष्य में रखकर ही राष्ट्र निर्माण के कामों को समझा जा सकता है।

समूची सभ्यता में व्यापक बदलाव के एक महत्वपूर्ण घटक के रूप में महिला सशक्तिकरण आंदोलन 20वीं शताब्दी के अंतिम दशक का एक बहुत ही महत्वपूर्ण राजनीतिक और सामाजिक विकास कहा जा सकता है। राष्ट्र निर्माण एक जटिल प्रक्रिया है जो सुव्यवस्थित रूप से तैयार की गयी विकास नीतियों के रूप में राजनीतिक इच्छा को रेखांकित करती है।

जिससे व्यक्ति अपनी पूरी क्षमता का प्रयोग करके अपनी कार्यक्षमता में वृद्धि कर सके लेकिन इसके लिए आर्थिक, सामाजिक, शैक्षिक तथा बुनियादी ढांचों का होना जरूरी होता है। जनता की खुशहाली तथा जीवन की गुणवत्ता में सुधार करना मानव विकास का मूलभूत लक्ष्य हमारी राष्ट्र निर्माण की प्रक्रिया का बहुत आवश्यक अंग है।

भारत में महिला सशक्तिकरण के बुनियादी तथ्य : भारत में महिला कल्याण से संबंधित गतिविधियों को संस्थागत ढांचा उपलब्ध कराने तथा संवैधानिक सुरक्षा उपलब्ध कराने के लिए अनेक कदम उठाए गये हैं। स्वतंत्रता के बाद से ही महिलाओं का विकास भारतीय आयोजन प्रणाली का एक केंद्रीय विषय रहा है।

पिछले 20 सालों में बहुत से नीतिगत बदलाव आये हैं। सन् 1970 में जहाँ पर कल्याण की अवधारणा महत्वपूर्ण थी वहीं 80 के दशक में विकास पर जोर दिया गया था। 1990 के दशक से ही महिला अधिकारिता अथार्त महिला सशक्तिकरण पर जोर दिया जा रहा है।

ऐसी कोशिशें की जा रही हैं, महिलाएँ फैसला लेने की प्रक्रिया में सम्मिलित हों तथा नीति निर्माण के स्तर पर भी उनकी सहभागिता हो। सीमित अर्थों में सामूहिक कार्यवाई से ही महिलाओं में शक्ति का संचार होता है। इससे उनका आत्मविश्वास बढ़ता है। इस प्रकार से दमन का विरोध करने से उनकी क्षमता और इच्छा में भी वृद्धि होती है।

लेकिन व्यापक अर्थों में सामूहिक कार्यवाई सशक्तिकरण का ही एक जरिया है। इसके माध्यम से स्त्री-पुरुष असामनता को चुनौती देने के साथ-साथ उसे खत्म करने की कोशिश भी की जा सकती है। विचार, धर्म, आस्था और अंतरात्मा की स्वतंत्रता के साथ महिलाओं की प्रगति के प्रयासों से व्यक्तिगत तथा सामूहिक रूप से महिलाओं के साथ-साथ पुरुषों की भी नैतिक, आध्यात्मिक तथा बौद्धिक

आवश्यकताओं की पूर्ति होती है। इससे समाज में उनकी पूर्ण क्षमता के उपयोग की संभावना सुनिश्चित होती है तथा अपनी आकांक्षाओं के अनुसार अपनी जिंदगी को रूप देने की पक्की गारंटी भी होती है।

महिला सशक्तिकरण के प्रयास : भारत सरकार ने मानव संसाधन विकास मंत्रालय के सहयोग से देश में महिलाओं को राजनैतिक, आर्थिक तथा सामाजिक विकास में बराबर भागीदारी के अवसर प्रदान करने के प्रमुख उद्देश्य को लेकर राष्ट्रिय महिला उत्थान नीति 2001 में घोषित की गयी थी।

सभी निर्णायक निकायों में निर्णय प्रक्रिया में नारी सहभागिता को सुनिश्चित किया गया है। वर्तमान कानून में संशोधन द्वारा नारी आवश्यकताओं के प्रति संवेदनशील तथा घरेलू हिंसा या वैयक्तिक आक्रमण की रोकथाम के लिए नए कानूनों का निर्माण एवं अपराधियों के लिए उचित दण्ड की व्यवस्था की गयी है।

गांवों एवं शहरों की आवस नीतियों एवं योजनाओं में महिला परिप्रेक्ष्य को सम्मिलित किया गया है। महिलाओं के साथ होने वाले भेदभाव को समाप्त करने के लिए समुदाय धार्मिक नेताओं एवं पणधारियों की पुरम भागीदारी एवं फल पर विवाह, तलाक, अनुक्षण तथा अभिभावकता जैसे व्यक्तिक कानूनों में परिवर्तन किया गया है।

महिलाओं के शिक्षा स्तर को बढ़ाने एवं अनुकूल शिक्षा प्रणाली के निर्माण के लिए विशेष नियम लागू किये गए हैं। महिला स्वास्थ्य पोषाहार, बालिका विवाह एवं विवाह के पंजीकरण को अनिवार्य बनाया गया है। महिलाओं को पुरुषों के समान संपत्ति में अधिकार दिलाने के लिए उससे संबंधित कानूनों में परिवर्तन किया गया है।

ग्लोबलाइजेशन उत्पन्न नकारात्मक एवं सामाजिक तथा आर्थिक प्रभावों के विरुद्ध महिलाओं की क्षमता में वृद्धि के साथ उन्हें पूर्ण सुरक्षा प्रदान करने की योजना है। महिलाओं को मुख्य धारा में लाने वाले तंत्रों की प्रगति का समय-समय पर मुल्यांकन करने के लिए समन्वय तथा प्रबंधन तंत्र का निर्माण हुआ है।

पर्यावरण संरक्षण एवं बहाली कार्यक्रमों में महिलों को सम्मिलित किया गया है। गरीब महिलाओं के लिए आर्थिक सहायता हेतु कार्यक्रम चलाए गए हैं। उत्पादन में उपभोग के लिए ऋण सहायता तथा सामाजिक आर्थिक विकास में उत्पादकों एवं कार्यकर्ताओं के रूप में महिलाओं के योगदान को मान्यता दी गई है। सभी केंद्रीय तथा राज्य मंत्रालय केंरीयाराज्य महिला एवं बाल विकास विभागों तथा राष्ट्रियारस्य महिला आयोगों के साथ परामर्श की प्रतिभागी प्रक्रिया द्वारा नीति को ठोस कार्यवाही में बदलने की योजना तैयार की जाएगी।

उपसंहार : भारतीय समाज में सच में महिला सशक्तिकरण लाने के लिए महिलाओं के विरुद्ध बुरी प्रथाओं के मुख्य कारणों को समझना और उन्हें हटाना होगा जो समाज की पितृसत्तामक और पुरुष युक्त व्यवस्था है। यह बहुत आवश्यक है कि हम महिलाओं के विरुद्ध अपनी पुरानी सोच को बदलें और संवैधानिक तथा कानूनी प्रावधानों में भी बदलाव लाये।

www.ingramcontent.com/pod-product-compliance
Lightning Source LLC
LaVergne TN
LVHW041545060526
838200LV00037B/1149
9781639973316